서른 살,
비전 찾기

서른 살, 비전 찾기

초판 발행 2019년 3월 11일
지은이 박지은
펴낸곳 글라이더 **펴낸이** 박정화
등록 2012년 3월 28일 (제2012-000066호)
주소 경기도 고양시 덕양구 화중로 130번길 14(아성프라자 601호)
전화 070)4685-5799 **팩스** 0303)0949-5799 **전자우편** gliderbooks@hanmail.net
블로그 http://gliderbook.blog.me/
ISBN 979-11-86510-91-9 03320

비전을 찾아야 업을 찾는다!

서른 살,
비전 찾기

박지은 지음

글라이더

One of them이 아닌
Only one의 삶을 살고 싶은 당신에게

"점수 맞춰 대학에 갔다."

50대 이모뻘 되는 아주머니나 30대 동료들이나 이번에 입학할 신입생 동생들이나 한결같이 하는 말이다. 50대 이모는 30년 전 자신이 대학에 갈 때나 지금 자신의 아이를 대학에 보낼 때나 달라진 게 하나도 없다고 한탄한다. 도대체 이 고리는 어디서 끊어야 하나?

서울역사박물관에는 '고도성장기 서울'이라는 주제의 상설전시를 하고 있다. 전시 리플릿에는 이런 문구가 쓰여 있다. '6.25전쟁 이후 전재복구사업은 1960년대에 들어 도시개발사업으로 이어졌다. 1961년 5.16군사정변 이후 정부는 경제개발 정책을 적극으로 추진하였다. '돌격건설' 깃발 아래 서울은 언제나 '공사 중'이었다.'

이 시대의 직업이란 사회에서 필요로 하는 일을 하면 경제 성장과 함께 개인도 성장할 수 있는 개념이었다. 어느 산업에서 일을 해도 그 산업이 급속한 발전을 하고 있으니 개인의 직위와 보수가 어느 정도 보장되었고, 적어도 10~20년 이상은 그래도 안정적으로 '업'을 가질 수 있는 시대였다. 하지만 1990년대 후반 이후 사회에 나간 세대들은 판이 확연히 달라졌다. 기존에 10~20년이라도 보장받던 시대는 온데간데없다. 이들은 사회에 진출 하자마자 직장이 나를 보장해주지 않으며 나도 언제 어떻게 될지 모른다는 불안함을 가지게 되었다. 이런 현실이니 30여 년 전 대학에 입학하던 방식과 똑같이 지금 반복하고 있다면 이 고리는 영원히 끊어지지 않을 것 만 같다.

그런데 잘 생각해보면 꼭 그래야만 하는가라는 의문도 든다. 전공 선택을 잘못했다고 20대 초반부터 인생이 끝나는 건 아니지 않은가. 전공과 진로가 안 맞을 수도 있다고 생각하면 어떤가. 세상에는 생각보다 할 수 있는 일이 많다. 그 많은 일 중에 잘만 찾으면 내 '업'이 될 수 있고, 그 '업'을 보며 비전을 찾고, 비전을 갖기 위해 '나'를 발견하는 것도 꽤나 의미 있는 일이다. 그리고 이제는 그럴 수 있는 시대이기도 하다. 예전처럼 인터넷을 하기 위해 전화선을 뽑아 컴퓨터에 연결해서 쓰던 모뎀시대도 아니고 경제개발계획으로 사회와 함께 개인이 성장하던 시대와 환경도 달라졌으니 그걸 이용만 잘 하면 된다.

예전과 달라진 게 또 있다면 이제 우리는 성인이다. 어렸을 때는 꿈 한 두 개 쯤 다 가지고 있었지만, 많은 이들이 어릴 때의 꿈을 막연한 상상으로 묻어둔 채 살아간다. 성적이 안 돼서, 집에서 반대해서 그것도 아니면 그냥 어쩌다보니까 못하게 된 경우가 상당수다. 그

걸 꺼내서 지금부터 다시 도전하자는 건 아니고, 지금 상황에 맞게 현 시점에서 한 번 찾아볼 필요는 있다. 나 또한 직장에 다니면서 업을 찾기 위해 많은 노력을 했다. 하지만 어렸을 때 못 이뤘던 꿈을 좇으며 거창한 꿈을 꾸면서 이상적으로만 시작하지는 않았다. 현실을 냉정하게 보고 할 수 있는 것과 없는 걸 명확하게 구분했다. 잘 하는 것만 하고 살아도 부족할 시간에 못 하는 것까지 다 해가며 살기에는 너무 아깝지 않은가. 그렇게 내 성향과 기질까지 고려해서 잘 하는 걸 찾아내고 그걸 반복 하다 보니 꿈이 생겼다. 꿈이 생기니 재미도 있었다. 그렇게 내가 하고 싶은 일을 찾았고 어느새 그 일을 하고 있다. 내가 가지고 있는 잘 하는 일이 지금 내가 하는 일이 되고, 그 일에서 비전을 발견하고 업으로 만들어가는 과정이 이제 필요하다.

자신을 발견하고 비전을 찾고 업을 만들어가기 위해 이 책을 활용하고자 한다면 이런 관점으로 보면 도움이 된다. 1장에서는 세상이 어떻게 바뀌어 왔는지 시대상이 나온다. 시간의 흐름을 읽으며 지금이 어느 때이고 어느 시점에 와있는지 살펴보며 나의 현재 위치를 파악한다. 2장에서는 그래서 이제 무엇을 해야 하는지 언급한다. 2장을 읽어보며 나는 앞으로 어느 길로 방향을 잡아가야 할지 구상해본다. 3장~6장은 어떻게 하면 내가 잘 하는 걸 발견해서 비전을 찾고 업으로 만들어갈 수 있는지 살펴본다. 특히 4장에서는 다양한 마케팅 툴을 활용해보기 때문에 이를 내 인생을 기획하는데도 적용해보면 좋다.

"열심히 안 살아온 게 아닌데 왜 이러지?" "내가 이러려고 그렇게 열심히 달려왔나?" 이런 말을 하는 사람들을 많이 봤다. 50대 이후 은퇴한 아버지 세대에서 나왔던 말이 30대로 심지어는 20대에게까지 다가왔다. 이제 조금씩 고개를 들어도 될 때가 왔다. 수능에 대학 졸업장에 취업에 진급에 열심히 달리며 살아 봤지만 어딘가 한 구석이 허전하다고 느낀 그 공간을 채워줄 때가 왔다. 잘 하고 좋아하고 남들도 나한테 잘 한다고 하는 걸 찾고 그걸 업으로 발전시킬 때 무엇보다도 좋았던 건 지금까지 해온 방식이 아니어도 앞으로 살아갈 수 있겠다는 길이 보였기 때문이다. 어떤 사람은 이걸 20년 전에 했고, 어떤 사람은 5년 전, 10년 전에 아니면 아예 어린 시절에 했을 수도 있다. 그게 언제든 상관없다. 해야겠다는 절박함만 있다면 지금이라도 하자.

과거 '고도성장기'에 나라에서 할 일을 주어줬다면 이제 그렇게 하지 않아도 된다. 오히려 시대를 이용 할 필요가 있다. 그래서 과거에 One of them(그들 중 한 명)으로 살았다면 이제는 내가 선택할 수 있기 때문에 그 길 위에 서면 Only one(오직 하나)이 된다.

아직 불안해서 방황하고 있다면 마음속에 'Only one'이란 단어를 떠올려 보길 추천한다.

2019년 3월
박지은

차례

서른 살, 비전 찾기

1장

전 세대를 뒤흔드는
불안함의 시대

30년 전 평생직장을 20년 전 변화한 기업에서 찾는 대한민국 10대 아이들

#평생직업 #시대변화 #이직과전직

녹록지 않은 세상, '직장'이 아닌 '직업'으로

왜 나만 이렇게 힘들어?

입시와 취업이라는 긴 경쟁의 기간을 뚫고 당당하게 기업에 입사했다. 하지만 달콤함도 금방이다. 얼마 못 가 심적 물적 고통을 겪으며 한 번 이상 하게 되는 생각. 이 기간을 잘 넘기면 몇 년은 쭉 가고, 이 때 의지를 불태우지 못하면 머지않아 다른 길을 걷게 된다.

취업을 준비해 본 사람들에게는 친숙한 기업 잡코리아에서 흥미로운 조사를 했다. 2017년 2월 기준 최근 1년 내 퇴사 경험이 있는 남녀 직장인 및 구직자 1,535명에게 물었다. '회사를 떠난 진짜 이유는?' 응답 결과 1위가 '나의 미래 비전이 낮아 보였기 때문에'로 복수선택 응답률 36.7%로 가장 높게 나타났다. 이러한 답변이 20대에서 가장 높게 나타났고, 이어서 30대와 40대 순서로 낮아졌다고 전한다.

서른 살, 비전 찾기

이 기사 하단에 잡코리아 팀장의 코멘트로 "직장에 대한 인식이 회사 중심에서 개인 중심으로 변화하고 있다. 평생직장이 아닌 평생직업이 중요하다고 생각하는 이들이 늘고 있다."라는 말을 덧붙였다. (출처 : '직장인 회사를 떠나는 진짜 이유 2위 낮은 연봉, 1위는?' 잡코리아. 2017.02.03.)

나랑 같은 생각을 하는 사람이 이렇게 많다는 걸 자료를 통해 알았을 때 반갑기도 하고 놀랍기도 했다. 특히 20대처럼 젊은 층에서 이런 생각을 하다니 짧은 기간 많은 변화가 있었구나 싶었다. 내가 그 시기에는 한 번 입사하면 정년까지는 아니어도 꽤나 오래 탈 없이 다닐 거라고 생각했다. 이후 입사와 퇴사, 이직과 전직, 대기업, 중소기업, 외국계기업을 다 경험해보고 내린 결론은 달랐다. 첫 번째 회사에 입사했을 때 했던 '이 회사에 계속 남아야지'라는 생각은 어느 날 그게 아님을 알았을 때 이미 나는 다른 회사로 옮겨서 일하고 있었다.

매년 트렌드 관련 저서를 출간하는 날카로운상상력연구소 김용섭 소장은 《라이프 트렌드 2018》에서 이렇게 말한다. '당장 때려치우고 싶을 정도로 억울하고 화가 나도 일단 버티기만 하면 정년까지 일할 수 있는 시대가 있었다. 하지만 지금은 어떤가? 정년은 고사하고 당장 몇 년을 버틸 수 있을지 알 수 없다. 30년은커녕 5년 뒤, 10년 뒤의 미래도 장담할 수가 없다. 상황이 이렇다 보니 이제 사람들은 끊임없이 변화하는 세상에 대처하기 힘든 회사지옥에 있기보다 차라리 밖으로 나가 자생력을 키우며 새로운 기회를 잡고 싶어 한다.' (출

처 : '라이프 트렌드 2018' 김용섭. 2017. 11. p.136)

　나도 비슷한 생각을 했었는데 이걸 트렌드 관련 저서에 담아 세상에 나오니 다행이구나, 나 혼자 별난 생각한 건 아니었구나 라며 안심이 들었다. 어디 나 뿐이겠나. 동료나 친구들 중에도 격하게 표현만 하지 않을 뿐이지 상당히 많이들 같은 생각을 한다. 그러면서도 동시에 하는 말이 있다. "다시 돌아가면 공무원 시험 준비를 하겠어."라고.

　수능이 코앞이라 세상이 어떻게 돌아가는지 정신도 쓸 수 없었던 시절, 그때가 IMF였다. 대학교 입학해서 보니 졸업을 앞둔 선배들이 심각하게 취업을 고민하고 있었고, '대학만 나오면 돼'라고 하던 시기가 아닌가 하는 눈치를 채가고 있는 듯 했다. 그렇게 몇 년 후 나는 기업에 입사했고, 또 그로부터 몇 년 후 사회는 내가 수능 보느라 정신 못 차리던 시절부터 이미 달라져 있었다는 걸 깨달았다.

　기획재정부 경제 경영 전문가들이 집필한《한국 경제 진단과 처방 그때는 맞고 지금은 틀리다》에는 이런 내용이 담겨 있다.

　'경제 성장 초창기였던 1960년대에는 성장률이 연 10%가 넘었다. 1962~2000년 동안 평균 7.5%로 성장했으니 그야말로 장기간 초고속 성장이었다. 하지만 최근에는 상황이 완전히 바뀌었다. 2001~2007년에는 연평균 4.7%로 하락했고, 2008~2011년에는 3.2%, 그리고 2012년 이후에는 2%대에 머무르는 실정이다.'

(출처 : '한국 경제 진단과 처방 그때는 맞고 지금은 틀리다.' 송인창, 도종록, 민경신,

　　　　　　　　　　　　　　　서른 살, 비전 찾기

상황이 이렇다 보니 고용, 취업, 직장과 직업에 대한 개념 등 여러 가지 면에서 경제성장 변화와 함께 자연스럽게 개인에게도 영향을 끼친 것으로 보인다. 더 구체적으로 아마도 경제성장률이 하락하기 시작한 2001년 이후부터 많이 양상이 달라진 것으로 생각된다.

그렇다고 가만히 있지는 않았다. 흐름을 타야했고 그렇게 하고 싶었다. '평생직업'이라는 말을 이상적인 단어로만 보고 싶지 않았고 무언가 하고 싶었다. 그렇게 회사라는 울타리를 넘어가 보았고, 그 밑바탕으로 책을 썼다. 그리고 머지않아 깨달았다. 울타리 밖이 얼마나 힘든지 그리고 밑바탕의 두께가 얼마나 중요한가를.

어쩌면 세상은 20년 전부터 변하고 있었는데 내가 늦게 알았는지도 모른다. 30년 전 경제호황기에 가능했다고 들어만 본 평생직장을 찾고 있었으니 말이다. 어쨌든 그래서 더욱 절실한 건 언제 어떻게 될지 예견하기 힘드니 하고 있는 일에 충실해야 한다. 또 하나는 너무 먼 미래를 '바라보고'만 살지는 말아야겠다는 생각이다.

한편으론 안타까운 마음도 있다. 자생력을 키울 수 있는 시대여도 사회에 첫 발을 내딛는 사람들에게 어디에 가서 어떻게 기회의 문을 열어보라고 말해줄 수 있을지. 맹수가 우글거리는 정글에 칼 한 자루 차고 맨 몸으로 나가라고 할 수는 없으니까 말이다.

'비전이 낮아 보여 떠난다'라고 답한 20~40대 성인들은 어찌 보면 10대 때 마음으로 다시 설계해보고 싶다는 간절함이 포함되어 있을

지도 모른다. '10대 아이들'이라고 표현한 것도 정말 '아이들'일 수도 있고, 또 '아이 때 다 표출하지 못한 마음'일 수도 있다. "나 이제 하고 싶은 거 다 할 거야~."라는 생떼 부리는 거 같은 억지만 아니라면 그 마음도 시대 변화와 함께 자연스러운 움직임일 것이다.

패션 모델 카메론러셀은 TED 강연에 나와 이런 말을 전했다. "커서 모델이 될 수 있겠냐고 묻는 소녀들에게 이렇게 말해준다. 내 상사가 돼라." 자신은 모델이고 미국인이고 또 백인이며 이미 많은 것을 누렸다. 더 마르고 가느다란 다리와 빛나는 머리카락을 가지면 지금보다 더 행복해질 것이라고 생각하는 사람들은 세상에서 가장 마른 몸과 빛나는 머릿결을 가진 모델에게 물어보면 알게 된다. 그들은 불안정하다는 사실을 말이다.

아마도 모델이라는 직업을 가진 사람이 자신을 통해서 전하고 싶었던 메시지는 이런 게 아니었을까. '겉으로 보여 지는 화려함이 전부는 아니다'. 그걸 물리적으로 훌륭한 외모를 가진 모델이 말하니까 더 와 닿는 것 같다.

불안한 사회, 믿을 곳이 없다는 느낌. 세 네 번 직장이나 직업을 바꾸면서 대체 뭘 찾고 있는가를 끊임없이 생각하게 만드는 시대. 나부터 찾겠다고 말하는 동시에 한 시라도 어릴 때 공무원 준비를 할 걸 그랬다고 후회하는 동료들을 보는 아리송한 시대이다. 나 또한 짧은 기간 기쁨도 주고 아픔도 주고, 행복도 주고 눈물도 주었던 '직장'에서 '직업'으로 옮겨간 스토리가 지금 시대를 말해주고 있지 않은가 생각해본다. 나만 힘든 건 아닐 거다. 분명 그 안에서 '답'은 아니어도 '길'은 찾을 수 있을 거고, '지름길'은 아니어도 '방향'은 볼 수 있을 거란 희망은 있다. 그 전에 시대를 이해하고 '보여 지는 것'에서 잠시 눈 감을 수 있는 용기가 있다면 말이다.

|요약|

1. 시대가 변하고 있다. 거스르기보다 흐름을 타야한다.

2. '답'이나 '지름길' 보다 '길'과 '방향'을 찾아야 할 때다.

사회는 희생보다 효용이 클 때 나를 선택 한다

#실력#효용#잘하는일

가치를 높이는 일이 먼저다

지금 하고 있는 걸 그 때 했더라면. 책을 쓰고 직장도 직무도 직급도 아닌 오로지 나를 필요로 하는 사람들을 만나는 일. 개인 브랜딩은 직장생활을 하면서도 가능한 일이다. 할 게 더 많아지니까 당연히 몸이 힘들 수 있다. 승진이 잘 되고 연봉이 높아지는데서 오는 기쁨과는 다르다. '나'라는 사람으로서 가치를 높이면 삶의 질이 훨씬 올라간다. 만약 지금 달콤한 월급에 빠져 있다면 월급 생각은 잠시 내려놓자. 한 발 떨어져서 더 위에서 조망하듯 바라보았으면 좋겠다.

신입사원으로 입사한 지 한 달도 채 되지 않아 그만두고 싶다고 말하는 후배를 본 적 있다. 놀란 마음에 왜 그러냐고 묻자 이렇게 말했다. '은행에 입사하고 싶어 준비하고 있었는데 어쩌다보니까 여기에 합격했어요. 일단 와보고 병행하려고 했는데 다녀보니까 은행 취

서른 살, 비전 찾기

업 준비는 전혀 못하겠네요.' 신입사원들이 내가 편한지 입사한 지 2년 남짓 한 후배는 내게 또 이런 말을 했다. '내년에는 영어 공부하러 어학연수 갈 계획이에요.' 그리고는 이듬해 연수를 떠났고 회사도 떠났다. 회사에서는 누구도 그들을 잡지 않았다. 몇 년 지난 지금 나는 가끔 그들을 떠올린다. 은행에 취업해서 잘 다니고 있는지 영어는 유창하게 하고 있는지.

고등학교 때는 대학교에 진학하면 다 되는 줄 알았는데 막상 대학에 가보니 취업이라는 관문이 있었다. 취업하면 한 결 나아질 줄 알았는데 마냥 좋기만 한 건 잠시뿐이고 승진, 이직 등 고민할 게 더 많아진다. 좁은 문을 뚫고 들어가야 하는 게 힘들기만 하다. 왜 그러냐면 사회가 그 사람으로부터 얻을 수 있는 가치가 치러야 하는 물리적 시간적 비용보다 커야 계속 그 사람을 선택하기 때문이다. 그래서 진학을 하면 취업 고민을 해야 하고 취업하면 승진이나 더 나은 자리를 찾으려고 노력하게 된다. 생각해보면 내가 어떤 상품이나 서비스를 제공받기 위해 돈을 지불할 때는 이 원리가 당연하게 느껴졌다. 하지만 나 자신이 상품이나 서비스이고 누군가에게 받아들여져야 한다고 생각할 때는 그 말이 참 냉정하게 들린다.

사회를 알고 나온 사람과 모르고 나온 사람은 성장 속도가 다르다

학교를 다니든 기술을 습득하든 준비과정을 거쳐 사회에 나오느라 고생 많았다. 금방 자리 잡는 사람이 있고 그렇지 않은 사람도 있다. 어떤 사람은 쌓아온 지식과 재능이 사회가 지불해야 할 시간적, 물리적 비용보다 커서 비교적 수월하게 자리를 잡는다. 반면 어떤 사람은 그 사람으로부터 얻을 수 있는 가치가 제한적이어서 사회에 발 디딜 수 있는 적절한 자리를 잡지 못하고 방황하고 불안해하기도 한다.

미국드라마 〈그레이 아나토미〉를 재미있게 봤었다. 시즌 1 초반에 병원에 첫 출근한 인턴들의 모습이 나오는데 첫 직장에 입사한 새내기들의 표정이며 심리가 잘 묘사 되서 나온다. 기대감에 차 있으면서도 왠지 낯선 환경을 접하며 어색해하는 분위기, 서로 의존하려하면서도 경쟁자로 의식하는 모습들이 나타난다. 그들을 향해 한 외과 교수가 이런 말을 했다. "여러분 중 8명은 다른 과로 전과될 것이며, 다섯 명은 좌절을 맛보고, 두 명은 떠나라는 요청을 받게 된다."

잔뜩 기대하며 출근한 15명의 신입 인턴들에게 칼 같이 느껴지는 말을 할까 싶었는데 사회에 나와 보면 그럴만한 이유가 있다는 걸 알게 된다. 사회는 피라미드 형태다. 위로 올라갈수록 좁아진다. 아무리 실력 있는 그룹이어도 하위 일정 비율은 버리고 간다. 이런 이치를 알고 사회에 나온 사람과 순수해서 잘 모르고 나온 사람은 출발점도 다르며 성장해가는 속도도 다르다. 모두다 열심히 하지만 모르는 채로 시작한 사람은 뒤처지게 된다. 드라마이니까 물론 극적인 면이 있다. 마음 착하고 실력도 있고 매사에 긍정적이며 어머니가 같은 병원에서 근무한 유명 외과의사인 주인공이 성공한다. 실제 사회도 이와 크게 다르지 않다. 주인공 또한 실력 있는 외과의사가 되기 위해 노력한다. 제대로 성공하기 위해 자리를 잡았다고 끝이 아니라 끊임없이 효용을 높여 간다. 이왕 할 거라면 이런 사실을 인정하고 의미 있는 일을 한 번 해보겠다고 생각하는 편이 나을 것 같다. 어딘가에 몰두할만한 한 가지 일을 정해서 끝까지 가보는 것, 이게 필요하다.

직장에 입사하면 직무 교육을 비롯해서 회사 시스템, 문화, 가치관 등 각종 교육을 받는다. 항상 들었던 말이지만 첫 번째 교육 때 성적이 좋았던 사람이 나중에 먼저 진급한다는 말을 교육하는 선배들마다 했었다. 몇 년 지나고 보니 같이 입사한 동료가 먼저 과장이 되었다는 소식을 들었다. 머지않아 다른 동료를 비롯해서 대부분 과장이 되었지만 이번에는 누가 먼저 차장이 될지 서로 간에 신경전이 펼쳐지고 있었다. 승진이라는 갈림길에서 동료들보다 하나 더 앞선 타이틀을 단 사람은 뭐라도 성과를 냈던 사람이다. 업무 능력이든 인간관계든 혹은 보이지 않는 곳에서 뻗은 사내 정치일 수도 있다. 그렇지만 사람이기 때문에 겉으로 괜찮다 말은 해도 누가 나보다 앞서가면 왠지 씁쓸하다.

치열하게 노력한 사람일수록 미래에 대한 불안함이 더 크게 느껴진다

가치를 높이기 위해 노력 많이 했다. 치열하게 경쟁했고 지금도 그렇다. 열심히 살았기 때문에 우리는 불안한 거다. 고등학교, 대학교, 취업이나 창업 등 웬만한 과정을 거쳐 와서 그 치열함이 어느 정도인지 알고 있다. 그래서 또 한 발 내딛기 어려울 수 있다. 혹은 해봤기 때문에 더 당당하게 앞으로 나갈 수도 있다. 어떤 선택을 할지는 본인의 결정이지만 나는 한 번 더 내딛어 보기를 권한다. 외국계 기업, 대기업, 중소기업, 이직과 전직을 다 겪어본 나로서는 했던 것마다 그만한 가치가 있었다. 최고의 경우는 내가 이 세상에 정말 가치 있는 사람이라는 느낌을 받았고 최악의 경험을 했을 때도 적어도 이런 길은 가지 말아야겠다는 깨달음이라도 얻었다. 어떠한 경우에도 일관된 건 효용이 커야 나를 선택한다는 사실이다. 또 해보고 한 번 더 해보면서 온 건, 사회가 눈에 보이게 제공하는 것 이상의 가치를 이해했기 때문이다. 이번 일은 어떤 재미가 있을까, 이 일을 통해서 또 어떤 사람들을 만나게 될까, 어떤 일이 벌어질까 기대도 됐었다. 한 발 빼지 말고 끝까지 하라고 말해드리고 싶다.

지금 직장에 다니든 크던 작던 자기 사업을 하던 사회생활을 하고 있는 사람이라면 아래 이야기를 참고해보면 좋겠다. 생태학에 나오는 '상리공생'이라는 이론인데 동물과 식물 이야기를 사람에게 비유하는 것이 조심스럽기는 하나 사람 사회 모습과 닮은 부분이 있어 소개한다.

중앙아메리카에 사는 몇 종의 아카시아 나무 아래 땅에는 다른 식물이나 나무, 풀들이 자라지 않는다. 멀리서봐도 이들 아카시아나무를 금새 알아볼 수 있을 정도로 다른 덩굴 식물도 이 나무를 타고 올라가지 않는다. 주변의 방해를 받지 않고 아카시아나무가 살 수 있는데는 나무에 살고 있는 개미의 역할이 아주 크다. 가까이 가서 나무에 손을 대보면 금방 알 수 있다. 사나운 개미들이 기어 나와 손을 물기 때문이다. 개미들은 나무를 타고 오르려는 덩굴이나 주변 식물 및 동물들도 공격한다. 그렇게 함으로써 아카시아나무가 더 많은 햇빛을 받고 잘 자랄 수 있도록 돕는다. 그리고 개미는 아카시아나무로부터 꿀을 얻고 나무둥치 아래 부분에 집을 만들어 살 수 있도록 식량과 주거를 제공 받는다. (출처 : 꽃은 어떻게 세상을 바꾸었을까? 윌리엄 C.버거. 2010. p.177~178)

이렇게 보면 아카시아가 개미에게 주거를 제공하며 먹을 것을 생산해 주는 것도 이해가 된다. 언뜻 보면 나무의 희생이 큰 거 같지만 궁극적으로는 나무가 안전하게 살아가기 위한 수단이 개미이다. 사람이 살아가는 사회도 마찬가지다. 직원은 회사에서 급여와 일을 제공 받고, 회사는 직원이 일해서 벌어들이는 이익으로 지속적으로 운영 된다. 또 사람들이 완전히 홀로 일하는 것에 비해 어느 정도 안정적인 장치도 마련해준다.

개미 한 마리가 나간다고 해서 아카시아나무가 아쉬워하겠나. 은행에 입사하고 싶었던 신입사원, 어학연수를 떠나고자했던 후배. 연차가 낮았기 때문만은 아닐 거다. 더 직급이 높아도 개인의 선택을 말리지 않는다. 그렇다고 해도 이건 1차적인 생각이고 사실은 사회로부터 또 다른 개념의 보호를 받고 있는 중이다. 아직 정한 게 없으면 인프라를 제공받을 때 그들도 자기 가치를 높이며 브랜드화 하는게 도움이 더 됐을텐데 하는 아쉬움이 남는다.

효용 가치를 높이는 노력을 내가 원하는 일에 집중 투자했으면 한다. 계속 해나가도 세월과 인생이 아깝지 않다고 생각할 정도로 열정을 쏟아 부을 수 있는 일, 조금 안 되는 때가 있어도 흔들리지 않고 밀고 갈 수 있는 일에 투자했으면 한다. 모두가 뛰어드는 일에 처절한 고군분투를 하기보다 나만의 분야에서 의미 있는 고군분투를 하며 살아가는 건 어떤지 고민해보았으면 한다. 경쟁이라고 생각하기보다 그대로 받아들이고 즐기면서 하면 어떨까 제안해 본다. 사회 시스템 안에서 내놓을 건 내놓고, 얻을 건 얻고, 그리고 재미도 추구하며 한 번쯤 즐길 수 있다면 해 볼만 할 거라 생각한다.

| **요약** |

1. 지금 상황이 마음에 들지 않아도 꼭 손해 보는 것만은 아니다.

2. 사회는 가치 있는 사람에게 대가를 지불한다는 사실을 이해한다.

3. 가장 잘 할 수 있는 일에 열정을 쏟으며 사회 변화를 충분히 활용한다.

서른 살, 비전 찾기

개인의 스토리를
만드는 시대

#내거찾기#스토리#내이야기

스토리가 있는 스펙 쌓기

'나도 내 것을 해보고 싶다.' '작은 커피숍 하나 운영하면서 살고 싶어.'

예전 직장 앞에 30대 초반 여자 둘이서 운영 하는 카페가 있었다. 막 생겼을 때 그 젊은 사장님들로 인해 입소문이 많이 나기도 했다. 직장 생활 하면서 동료들한테 자주 들었던 말인데 실제로 하는 사람을 보니 신기하고 부럽기도 했다. 베일에 싸여 있는 듯 자신을 완전하게 드러내지 않았던 그 여사장님들은 오픈한 후에도 한 동안 주변 직장인들 사이에서 유명했다.

《향유고래 이야기》 김현태 저자는 광고회사에서 카피라이터로 일하며 수많은 카피를 썼다. 날마다 새로운 아이디어를 내다보면 마음이 편할 날이 없었지만 그렇게 보낸 시간 동안 소중함을 발견했다.

자신을 발전시킨 한계의 시간을 담은 '향유고래 이야기'에서 향유고래 벤은 아빠 고래로부터 이런 이야기를 듣는다. '살아가는 이유와 목적을 잊지 말고 자신이 누구인지 까먹지 않는 고래가 되라.' (출처 : 《향유고래 이야기》 김현태. 2007. p.58~59, 164~165)

밖에서 볼 때 나를 인정해주는 건 여전히 학력, 학점, 토익, 자소서, 자격증, 어학실력 등이다. 이로부터 완전히 자유로울 수 없지만 스펙보다 중요한 건 자신을 알고 그와 관련된 스토리를 만드는 일이다.

한신대학교 재능기부 사업 '아주 작은 커피 가게'는 공정무역 원두를 커피 원료로 사용하고 남은 수익금을 사회에 환원하는 활동을 하고 있다. 아주 작은 커피 가게 사업계획서를 보면 '대학생들에게 사회적 경험 제공을 통해 스펙 및 가치실현 기회 제공'이라는 목표가 포함되어 있다. 이를 위해 학생들을 분기 별 최소 10명 이상 사업에 참여시키려 한다고 전한다. (출처 : 1. 한신대학교 블로그. '커피 한 잔에 담긴 공정한 세상을 꿈꾼다.' 2. 한신대학교 '아주작은 커피 가게' 사업계획서)

이제 스토리를 인정해주는 시대가 되었고, 가능한 길도 찾아볼 수 있는 방법이 열렸다는 의미이기도 하다. 그러고 보면 마지막에 나를 빛나게 했던 건 토익 점수가 아니라 토익 점수를 딴 후에 그걸로 무엇을 이루었는지였다. 토익 점수 취득하는 걸 먼저 생각하는 게 아니라 뭘 하기 위해서 토익 점수를 받으려 하는지 거꾸로 먼저 생각해보자. 스펙을 만들기 위해 토익 시험을 몇 번을 봐도 800점을 잘 못넘었다. 당장 입사나 승진 커트라인을 넘기기 위해 필요한 점수가 몇점이라는 걸 알고 있으니까 어느 정도 점수가 나오면 그 보다 더 할 수 있어도 '이제 됐다'라며 손을 떼곤 했다. 공부를 몇 년 해도 꾸준하지 못하고, 하다가 손 떼는 걸 반복하다보니 700점 대 점수만 나오고 있었다. 어림잡아 시험을 열 번은 봤다. 뭘 하겠다는 뚜렷한 목표가 없다보니 700점대 공부만 열 번을 했다. 그런 면에서 스펙 좋은 친구가 다른 것도 잘 할 수 있다는 말이 비약일 수는 있어도 아주 틀린 말은 아닌 것 같다.

신세계 정용진 부회장의 신년사에서도 이런 말을 전했다. '소비자가 원하는 것이 무엇인지 라이프 스타일을 360도 관찰하고 이해해야 하며, 임직원 모두가 스토리 있는 콘텐츠 개발자가 되어야 하고, 고정관념을 넘어 일상의 경험으로부터 진솔하고 재미있는 스토리를 찾을 수 있는 역량을 개발해야 한다.' (출처 : 정용진 신세계 부회장 "스토리 있는 콘텐츠가 세상에 없는 일류기업 만든다". 조선비즈. 윤민혁 기자. 2018. 01. 02)

이제 개인뿐만 아니라 기업도 스토리를 만들려고 한다. 사람들이 스토리에 반응한다는 걸 안다는 뜻이다. 농담 섞어 말하면 앞으로 스토리 없는 자기 자랑에는 아무리 호랑이 같은 부장님이어도 부하 직원이 안 웃어줄 세상이 올 거 같다.

특수하지만 특별하지 않은 이야기
주변에서도 볼 수 있는 이야기로 만든다

개인의 스토리가 사람을 움직이는 시대이지만 그런 스토리들을 참고만 해야 하지 너무 똑같이 따라할 필요는 없다. 예전에 누군가가 스쿼트 천 개를 하고 몸이 굉장히 좋아졌다는 이야기를 듣고, 그걸 따라 한다며 매일 250개 씩 하다가 보름도 못가 병이나 병원에 다녔던 일이 있다. 천 개가 중요한 게 아니라 그만한 의지를 강조했던 건데 잘못 해석했다. 할 수 있는 게 있고 없는 게 있다. 그런데 결과적으론 이게 내 스토리가 되었다. 병이 났던 기억 때문에 250개 이상 하지는 못했지만 200개 까지는 할 수 있겠다는 스토리가 만들어졌다.

TED나 매스컴에 나오는 강연들이 너무 유명한 사람의 이야기여서 나하고 동 떨어져 보이면 다른 사람 블로그를 봐도 된다. 포털 사이트를 지나치게 많이 보지 말라고 하는 사람도 있지만 나는 적당히 보는 걸 추천한다. 다 옆에서 볼 수 있는 사람들인데도 자기만의 스토리를 올리고 있다. 보면서 내 스토리 만들기 위해 참고 해보면 좋겠다. 남의 이야기를 보면서 똑같이 따라하느라 힘겨울 필요는 없다는 말을 꼭 하고 싶다.

다른 사람들은 이해 못했지만 길을 찾겠다고 방황할 때 내 바람은 큰 꿈이나 대단한 비전이 아니었다. 그저 '작은 거라도 좋으니 내 힘으로 한 번 해보고 싶다'는 마음으로 시작했다. '해서 뭐하나? 편하게 월급쟁이 생활 하면 되지'라고 생각할 수도 있다. 하지만 바꿔서 보면 '아무것도 안 되면 어떠나?'라고 묻고 싶다. 죽기 전에 후회 없이 죽을 텐데. 근데 목적과 방향성을 가지고 열심히 살았던 사람 중에 잘 안 되는 경우를 찾기 더 어려웠다. 자신 있게 자기 스토리를 말하는 사람은 "열심히 했는데…… 근데 잘 안 됐어……"라고 하면서도 바로 뒤에 나오는 말이 "그렇지만 실패가 아니더라. 나중에 다 도움이 됐어"였다.

지금 나는 영어를 하고 있다. 영어를 '공부'하는 게 아니라 '하고' 있다. 토익은 마음 한 곳에 높은 점수를 받아보고 싶은 욕심은 있지만 또 목적 없이 하다가 어중간한 점수를 열한 번째 기록 할까봐 접어두고 있는 중이다. 영어를 '하고' 있는 이유는 사람들과 영어로 상담을 하고 싶어서다. 뚜렷한 목표가 생겼다. 그래서 그 목표에 맞는 스펙을 쌓고 있다.

지금은 어떻게 됐는지 모르겠지만 그 카페 여사장님들은 비교적 이른 나이에 자기 스토리 하나를 썼을 것 같다. 아이템이 커피숍인 게 중요한 게 아니라 무엇을 추구하는지가 중요하다. 작은 것이라도 좋으니 내가 뭘 추구하고 싶은지 스마트폰 메모장에 한 줄 적어보는 날이 되었으면 좋겠다. 스펙을 쌓되 스토리를 만들기 위해, 그래서 스토리가 있어야 한다는 걸.

| **요약** |
1. '내 걸' 해봄을 통해서 개인의 스토리가 만들어진다.
2. 진솔한 이야기일수록 사람들 마음을 움직인다.
3. 스펙도 스토리가 바탕이 된 스펙이 더 의미 있다.

'나'를 찾는 이들에게
'우리'가 되라는 세상

#소확행 #YOLO #우리

자유에는 책임이 따른다

소확행, 욜로(YOLO)라는 단어가 유행한다. 각각 '작지만 확실한 행복'이라는 뜻과 'You only live once'의 줄임말로 나만의 인생을 살겠다는 의미다. 의도하진 않았지만 나는 현재 이런 삶을 살고 있다. 싸이월드가 유행하던 2004년 '강아지가 밥을 먹는 모습을 보면 행복을 느낀다'고 썼던 글을 지금 확실히 실현 중이다. 이전 생활과 달라진 점도 있다. 회사 다닐 때보다 수입이 줄었고 하루에 6~7시간씩 자던 수면 시간은 4~5시간으로 줄었다. 글을 쓰며 밤을 새웠던 적도 있다. 직장인일 때보다 더 정해진 길이 없는 미래를 향해 가고 있다. 분명한 건 지금 생활이 행복하다.

배부른 소리 하냐고 할 수도 있다. 여러 번 듣다보니 그런 말에는 이제 별로 흔들리지 않는다. 유행어가 나오니 재미있기도 하고, 한 때 나도 저렇게 살아봤으면 좋겠다는 동경도 했다. 하지만 좋은 것에는 부작용이 있게 마련이다. 욜로나 소확행도 이것을 통해서 다음 발판으로 나가기 위한 과정으로 생각해야지 평생을 저렇게 살겠다고 다짐하면 문제가 된다. 즐겨도 자기 철학이 있는 상태로 즐겨야 한다. 마냥 좋은 것만 따르면 오히려 역효과가 날 수 있다.

언뜻 보면 혼자서만 즐기며 잘 살겠다는 모습으로 보이지만 실제는 다르다. 아무도 잡아주지 않는 환경에서 무한한 책임을 가지고 가야 한다. 혼술, 혼밥집이 생기고 있는 현실에 개인은 점점 더 개인화되어 간다. 하지만 사회는 여전히 '우리'와 '단체'를 필요로 한다. 개인이 추구하는 자아와 사회에서 활동할 때 요구하는 형태가 다른데서 오는 차이를 많은 이들이 느끼며 살아간다. 그러다보니 주말이 되면 집에 혼자 있고 싶어지고, 퇴근하면 아무에게도 방해받고 싶지 않아하는 일이 생긴다.

삶의 질에 대한 만족도가 높을수록 '우리'를 추구한다

경제협력개발기구(OECD)가 발표한 더 나은 삶 지수(Better Life Index)에 따르면 일과 가족 및 개인 생활이 가장 잘 조화를 이루며 살아가는 나라는 1위가 네덜란드로 나타났다. 일과 삶의 균형 지표는 장시간 근무하는 노동자 비율과 하루 중 자기 관리와 여가에 활용하는 시간 두 가지를 기준으로 만들었다. 점수로 치면 네덜란드는 10점 만점에 9.3점이었고, 우리나라는 4.7점으로 네덜란드와 점수 차가 컸다. 그리고 우리나라는 뒤에서 네 번째 순위를 기록했다. (출처 : 전 세계

국가들의 '워라밸'점수를 살펴봤다. 곽노필 선임기자 한겨레. 허핑턴포스트. 2018. 03. 08) 한국이 꼴찌에서 네 번째이긴 한데 우리나라 바로 앞에 있는 일본과는 불과 0.1점 차이가 난다. 일본은 4.8점이다. 점수로는 높지는 않으며 전체적으로 약간 낮은 수준으로 보인다. 상황이 이렇다보니 온종일 사람들과 부대끼며 일하고 저녁때가 되면 혼자 있고 싶어지는 것도 이해는 된다.

　나도 한 때 열심히 살고 있는데 행복하지 않다는 느낌을 받았다. OECD국가의 삶의 질 지수처럼 개인 여가 시간이 많아지면 행복해지나 싶었는데 그렇지도 않았다. 이른바 소확행, 또 다른 의미의 욜로 생활을 하고 있는 지금도 마냥 즐기기만 하지는 않는 것처럼 나만의 시간을 확보해서 행복해진다기보다 마인드 문제에 가까웠다. 진짜 원하는 일을 하고 있다면 일이나 여가, 함께 있으나 혼자 있으나 전부 다 나를 위한 시간이라는 생각이 드는 게 진정한 행복 아닐까? 내가 원하는 것과 실제로 하고 있는 일을 일치시키려고 노력을 많이 했다. 모임을 만들어서 함께하고 강의를 하며 성공한 사람들을 만나러 다니는 것도 다 이를 위한 노력이다.

　혈혈단신 홀로 하겠다, 지금이라도 내 인생을 찾겠다는 생각에는 책임이 따른다. 혼자 하면 잘 하는데 같이 하려면 힘들다? 그래도 같이 해야 하는 이유가 있다. 세계적인 성공학 대가로 꼽히는 나폴레온 힐은 그의 유명한 저서 '결국 당신은 이길 것이다'에서 이렇게 말한다. '인생에서 명확한 목표를 달성하기 위해 자신에게 적합한 사람을 성공적으로 고르는 비법을 알아야 한다. 그러기 위해선 타인과 자연스럽게 화합하는 사람을 알아보는 능력이 전제되어야 한다. (출처 : '결국 당신은 이길 것이다'. 나폴레온 힐. 2013. p.292)

'우리'를 찾는 건 결국 나를 위한 거며, 그룹 안에서 사람들을 잘 볼 줄 아는 눈을 키워야 한다는 의미다. 뭐를 하던 혼자서는 외로워서 하기 힘들다는 뜻으로 볼 수도 있다. 다만 심리적인 상처를 너무 받지 않는 상태에서 해야 할 것 같다. '영혼까지 다쳤다'는 말이 괜히 나오겠는가. 적당한 선에서 내 주장도 할 수 있고, 아니면 아니라는 말도 할 수 있는 선에서 관계를 형성하면서 목표를 이루어가는 게 맞겠다.

되면 한다고 말하면 혼나던 시대가 있었다. 과거 어느 시기에는 그랬다. 지금은 오히려 개인의 삶을 강조하며 되는 일에 집중하는 경향이 강해지고 있다. 이런 말을 해도 이제는 일부 수긍하는 기성세대도 생겨났다. 어떻게든 해내던 그 시대야말로 공동체와 함께한 시대다. 지금은 그 정도까지는 아니어도 '되면 하기 위해서'라도 그만한 노력이 있어야 하지 않을까. 그리고 반드시 강조한다. 행동에는 책임이 따라야 한다는 것을. 마냥 신나게 노는 게 욜로의 삶이 아니라고 말했다. 자기 인생을 잘 되게 만드는 건 자기 몫이다.

사람들과 같은 경험을 하고 같은 고민을 하다보면 공감 할 수 있고 소통으로 이어진다. 함께 하는 것의 가치를 느껴간다. 세상이 '우리'를 원하는 데는 이유가 있다. 앞서 말한 OECD에서 발표한 더 나은 삶 지수 결과에는 또 하나 흥미로운 사실이 있다. 점수가 가장 높왔던 나라 네덜란드에서는 '사람들의 90%가 곤경에 빠질 수 있는 친구나 가족 구성원을 알고 있다고 말한다'라고 응답했다. 순위가 높은 나라에서 공동체의식이 강하게 나타났다. 삶의 질이 향상됐다고 '우리'를 등한시 하지 않는다. 지금 우리가 개인화 되어가고 있지만 삶의 질 지수가 네덜란드처럼 되지 않는다는 보장이 없다. 그 때가 되면 역설적으로 공동체를 중요시 여기는 세상에 사람들이 개인화 되어 있다는 괴리감을 느낄 것인가. 웃지 못 할 얘기지만 지금이 어떻게 보면 시대가 변화해가는 시점이라는 의미이기도 하다. 개인과 사회의 니즈가 거리감이 있는 시대지만 군이 반대해가며 살 필요는 없다. 잘못 오인한 소확행과 욜로를 실천하지 말고 철학과 가치관이 있는 개인주의 삶을 살았으면 한다. 한 발 더 앞서서 내다보는 시각으로 '우리'를 챙겼으면 한다.

|요약|

1. 소확행, 욜로 등 단어가 유행하며 점점 개인화되어가고 있다.
2. 삶의 질 지수가 높은 나라일수록 공동체 경향이 강했다.
3. 사회가 변해가도 '우리'라는 개념은 꼭 필요하다.

서른 살, 비전 찾기

매슬로우의 욕구 5단계 피라미드를 거꾸로 세울 수 있는 시대

#자아실현#자존감

자아실현 욕구의 충족

뒤늦게 자아를 찾아 방황하는 일이 생기지 않았으면 좋겠다. 살면서 겪어야 하는 일은 한 번쯤 꼭 치르고 지나가는지 진로를 정하던 청소년기에도 답을 내지 못했던 걸 30대가 돼서 알게 되면서 뒤죽박죽된 듯 혼란을 겪었다. 어디서부터 잘못됐지? 이제 어디부터 손을 대야하지? 많이 들어봤겠지만 대학교 입학할 때로 돌아가서 전공부터 다시 정하고 싶다, 이런 생각도 했다. 치기 어린 생각을 30대가 돼서 했다고 밝히니 쑥스럽다. 살면서 한번 하게 될 생각이라면 지금 했으면 한다. 더 이상 이런 고민을 하지 않고 안정된 심리 상태로 살고 있는 나를 보면 하루라도 빨리 자신을 발견했으면 하는 바람이다.

매슬로우는 인간의 동기에는 위계가 있어서 각 욕구의 하위 단계의 욕구들이 어느 정도 충족되었을 때 비로소 지배적인 욕구로 등장하게 되며 점차 상위 욕구로 나아간다고 보았다. 인간의 욕구를 생리적 욕구, 안전 욕구, 소속 및 애정 욕구, 자존 욕구 등 5단계로 구분하였으며, 가장 고차원적인 상위 욕구를 자아실현 욕구로 보았다. (출처 : '만만한 일반상식'. 시사상식편집부. 2016. p.221)

우리 세대가 연애도 포기하고, 결혼도, 취업도 포기하는 N포 세대라고 하지만, 부모님 세대와 비교하면 물질적으로 많은 걸 누리고 살아오지 않았나 생각해본다. 생각해보면 진로를 정할 때도 점수 맞춰가지 말고 학과 선택할 때 신중하게 정해야 된다는 말을 듣긴 했다. 사회를 모르고 사람을 몰랐기 때문에 어떻게 할 수 없었던 거였지. 지나온 과거를 늘 되새기기만 하면 소용없다. 생각을 달리하면 못 먹고 못 살던 시대에 태어나지 않았다는 걸 감사하게 생각할 수도 있다. 지금 하는 고민이 적어도 생리적 욕구를 충족시키기 위한 고민은 아니라고 본다. 어디에 취업할까, 무슨 일을 해야 할까, 다니고 있는 직장에서 나오면 뭘 해야 되나 라는 고민도 긍정적으로 보면 자기실현을 위한 고민이지 않을까. 물론 쉬운 고민은 아니지만 말이다.

김난도 교수는 《트렌드 코리아 2017》에서 소유보다 경험을 중시하는 시장에 대해 말한 바 있다. 트렌드 연구자로서 경제가 일정규모 이상으로 성장하게 되면 사람들은 매슬로우의 욕구 5단계 중 자아실현 욕구에 가까운 소비를 원한다고 설명한다. 소유보다는 한 번의 가치 있는 경험이나 즐거웠던 시간, 독특한 체험에 지갑을 여는 현상이 두드러진다고 해석한다. (출처 : '트렌드 코리아 2017'. 김난도, 전미영, 이향은, 이준영, 김서영, 최지혜. 2016. p.390~391)

　매달 들어오는 월급을 받다보면 나도 모르는 사이 월급의 노예가 되어 있다. 모든 지출과 소비를 할 때 내가 주체가 아니라 월급을 기준으로 움직인다. 그러다 급여가 서서히 올라가면 인지하지 못하는 사이 올라간 금액에 적응하고 있다. 이대로 시키는 대로 하고 참고 버티며 일해서 번 돈으로 쓸 때만 황홀하게 쓰다보면 어느 순간 괴리감을 느낀다. 소득도 올라가고 좀 더 나에게 가치 있게 쓰고 싶은 생각이 들면 그만큼 일에서도 자존감을 가질 수 있어야 심리적, 현실적 괴로움을 덜 느낄 수 있다. 다시 말해서 일과 자기 자신이 분리되지 않는 삶이어야 좀 더 만족감을 얻는다. 요즘과 같은 저성장 시대에는 더욱 그렇다.

자아 형성이 잘 된 사람이 심리적 혼란이 와도 견뎌낸다

　일본의 정신과 의사 오카다 다카시 박사의 저서 '나는 왜 저 인간이 싫을까?'에 이런 이야기가 나온다.

　성실히 열심히 일하는 30대 나이의 노리마사 씨는 회사에서 프로젝트 리더로 뽑힌다. 그런데 같이 일하던 사람 중 A씨는 그보다 나이도 많았고 협조적이지 않은 듯한 태도를 보였다. 불만이 있는 것 같은데 어떻게 말해야 할지 몰랐던 노리마사는 A씨로 인한 스트레스를 받은 채 지냈다. 그러던 중 주말에 자신만 빼놓고 팀원끼리 술을 마시러 간 사실을 안 노리마사는 충격을 받았고, 자신을 동료로 생각하지 않는다고 생각했다. A씨 뿐만 아니라 다른 사람들도 자신의 일처리 방식에 불만을 품고 있는 게 아닐까 조심스러웠고, 결국 일을 시키지 못하고 혼자 떠맡던 중 그는 스스로 회사에 출근하지 못하게 되었다.

사례를 소개한 오카다 다카시 박사는 사실을 제멋대로 연관 짓고, 자신이 두려워하던 것을 뒷받침하는 '사실'로 해석해버린 것이라 설명한다. A씨는 리더의 일처리에 불만이 있었던 게 아니다. 암으로 투병 중인 아내 문제로 정신이 없었다. (출처 : 나는 왜 저 인간이 싫을까? 오카다 다카시. 2016. p.202~204)

자기 자신을 사랑할 줄 알 면 타인도 사랑할 수 있어야 하는데, 위에서 말한 노리마사 씨는 어려움을 겪고 있어도 다른 사람과 상의하지 못하고 혼자서 고민을 하다가 잘못된 판단을 내렸다. 자아실현의 욕구는 어떤 일을 업으로 하는지에 그치지 않는다. 자아가 제대로 형성되지 않으면 인간관계에도 영향이 생기고 외부상황에 조금만 심리적 균열이 와도 극복해내질 못한다. 힘들게 입학한 대학 어렵게 합격한 회사에서 공부도 싫고 일도 싫고 사람도 싫어지는 총체적 난국이 오기 전에 빨리 자아를 찾아야 한다. '못 참는 아이 욱 하는 부모'의 저자 오은영 박사도 인터뷰에서 '자존감이 높은 사람은 실패, 성공, 위기 상황에서도 별로 편차가 없다. 이런 사람들은 좌절을 잘 이겨내고, 누가 날 좋아하지 않아도 그럴 수 있다고 생각한다.'고 말했다. (출처 : '자주 욱하고 있다면 자존감 낮은 것'. 박선영 기자. 한국일보. 2016. 06. 28.)

버스 떠난 뒤에 손 흔들지 말고 놓치고 나서 후회하지 말라고 말한다. 자아실현을 우선에 두려는 사람은 자존감이 높고 평정심을 유지할 수 있다. 미래가 불안할 때도, 일을 찾을 때도, 찾은 일을 유지해 나갈 때도 자기가 누구인지 알고 자기에게 맞는 것을 선택한다.

얼마 전 만난 청년 사업가에게 대학 졸업 후 왜 기업에 입사하지 않았냐고 물었다. 그러자 예전부터 창업에 관심이 많았고 기업에서 일 하는 건 남들 보기에 원하는 것이지 자신의 바람은 아니었다고 말했다. 하고 있는 일이 즐거워 보였고 취업이 힘들고 미래가 깜깜하다는 20~30대 불안함은 어디에서도 찾아볼 수 없었다. 취업이 더 낫고 창업이 더 낫고가 아니라 중요한 건 이제 선택할 수 있다는 점이다. 과거엔 사장님은 부모님 세대 같은 어른들이 하는 건줄 알았는데 '개인도 사회도 생각이 많이 바뀌었구나' 라는 생각이 들었다.

저성장 시대이고 죽도록 노력해야 조금 발전한다고 느낀다. 이런 노력은 나뿐만 아니라 다른 사람도 하고 있다. 개인의 행복감이 있어야 견디는 게 아니라 즐길 수 있다. 그래야 살만하단 생각이 든다. 힘든 세상이긴 한데 사회 탓만 하고 있기보다 정체성을 찾아 자기를 들여다보고 자기가 좋아하는 것, 좋아하는 사람, 관심사에 눈을 돌려보는 게 낫다. 누가 뭘 한다고 이상하게 보는 사회도 아니니 말이다.

관심만 가지면 남다르게 살아가는 사람과 성공 스토리를 어렵지 않게 찾아볼 수 있다. 신기하고 새롭기도 한데 왠지 박탈감도 느낀다. 자랑과 홍보가 많아진 시대여서 그렇다. 얼마 전 페이스북에 속상한 이야기를 올려놓았다. 일이 잘 돼서 기쁘고 자랑 하는 글을 올렸을 때에 비해 '좋아요'가 반 정도 밖에 눌리질 않았다. 내심 누가 위로해줄까 생각하며 쓰던 게 생각나 피식 웃었다. 어려움도 겪고 좌절도 하고 거절도 당하고 실패도 하고 돌아가기도 하는 게 세상인데 흔들리지 않으려면 나를 꽉 붙잡고 있어야 한다. 정체성을 먼저 찾고 시야를 넓혀야 보이기 시작한다.

| 요약 |

1. 사는 게 힘들다 해도 부모님 세대보다는 많은 것을 누리며 살고 있다.

2. 사회가 발전할수록 자아 실현 욕구가 강해진다.

3. 불만이 생기고 힘들어도 자아정체성을 찾아 행복을 만들어간다.

서른 살, 비전 찾기

사원이 부장과 경쟁하고
대학생이 직장인보다 우수한 시대

#경쟁#젊음과내공#30대

성숙함을 찾아야 할 30대

'무한경쟁시대'라고 말한다. 입사하고 회의실에 처음 들어갔던 날 지금도 기억난다. 사원, 대리, 과장, 차장, 부장이 있었는데 부장은 사원에게나 차장에게나 같은 질문을 하곤 했다. 월요일마다 하는 회의에서 과장 차장 수준의 답변을 준비해가야 했는데 여간 힘든 게 아니었다. 농담이 아니라 사원들을 불러놓고 "너네들이 일 잘해서 선배들 한 번 깜짝 놀라게 해봐."라고 말하는 군기 잡기 좋아하는 대리가 있었다. 틀린 말은 아닌데 참 듣기 힘든 말이기도 했다. 이제 세상에 나왔으니까 이런 거 저런 거 다 볼 텐데 이런 모습이 싫어서 내 일 하고 싶다고 생각하는 사람이 있다면 이 말을 꼭 해주고 싶다. '지금 하는 일에서 할 수 있는 걸 다 해봐야 한다'고.

타 회사 사장님과 미팅을 하고 회의에서 여러 직급의 사람들과 의견 조율을 한다. 말 그대로 일당백의 일을 해내는 시대다. 커뮤니케이션만의 문제가 아니라 아는 게 있어야 되고 그런 지식이 실력으로 이어지다보니 어느 순간 나도 실력이 꽤 있는 것 같다는 생각이 든다. 그러니 내 실력을 가지고 앞으로 살아갈 불안한 미래를 대비해야겠다는 생각도 하게 된다.

한국보건사회연구원 김문길 부연구위원이 조사한 '사회갈등 및 사회통합에 대한 인식과 시사점'에서도 세대 간 갈등에 주목했다. 고령자와 젊은 사람 간의 갈등은 2014년 56.2%에 비해 2016년에 62.2%로 증가했다. 같은 연구에서 세대 간 갈등을 포함하여 현재 심각하다고 인식하는 갈등 유형들이 미래에도 더 악화될 것으로 전망하고 있었다. (출처 : 김문길(2017) 사회갈등 및 사회통합에 대한 인식과 시사점. 한국보건사회연구원. p.41) 직장에서도 직급을 넘나들며 문제를 해결해야 하고, 사회에서도 경력과 연차가 훨씬 높은 사람들과 같은 분야에서 경쟁하며, 우수한 성적을 가진 사람들이 계속해서 사회로 나오고 있다. 이러다보니 혼란에 빠지고 점점 홀로 우울해져가는 사람이 늘어난다.

신입사원에서 대리 초년까지는 직장에서 갈등이나 어려움이 있으면 그 날은 친구를 만나는 날이었다. 친구한테 털어놓고 나면 잊어버리곤 했다. 이후 연차가 올라갈수록 소소하게 풀어서 없애기보다 좀 더 심각하게 받아들였다. 어떻게 하면 더 길게 남을 수 있을지, 경쟁에서 살아남을 수 있을지. 남들은 더 발전하는지 혹은 나와 같은 어려움을 겪는지 관심을 가지고 들여다봤다. 표현을 하고 안 하고의 차이이지 어느 정도는 비슷한 감정을 느끼고 있었다. 실력만 키워가자니 어디까지 경쟁이 계속될지 모르겠고, 가만히 있자니 도태되는 것 같은 느낌. 대부분 그런 말을 했다.

어느 정도 실력이 쌓인 후엔 성숙함을 추구하고 싶어졌다. 앞에서 말한 대리가 그 말을 했을 때 '잘 하려면 저나 잘 할 것이지 왜 까마득한 후배들한테 자기네랑 경쟁하라고 해'라는 게 솔직한 마음이었다. 시간이 지나도 생각이 크게 달라지진 않았다. 다만 한 가지 달라진 게 있다면 지식이 쌓여가면서 나도 발전한다는 느낌을 받고 싶었다. 생각을 좀 크게 하라는 뜻일 수 있다는 정도는 알아갔다. 그 만큼 성숙해가고 있었다.

젊음과 내공이라는 두 가지 매력을 가진 30대

아무리 실력이 올라가도 조심해야 할 게 있다. 선배나 상사의 실력을 쉽게 생각해서는 안 된다. 일을 보는 맥락은 비슷할지 몰라도 우연히 혹은 어쩌다 나타나는 돌발 상황에 대처할 수 있는 사람은 경험이 쌓인 사람들이다. 혼자서 어디까지 해결할 수 있는지는 일상적으로 돌아가는 일에서 발생하지 않는다. 예상치 못한 상황을 해결할 수 있는 사람이 진짜 실력자고 그래서 내공 쌓인 사람을 인정해주는 것이다.

우리 30대는 다른 매력을 갖고 있다. 오랜 시간 사회에서 활동하며 익힌 사회가 돌아가는 구조, 상황 판단력, 대처법, 사람 보는 눈, 성숙함 같은 내공은 학생이나 신입사원일 때 채 알기 어려운 것도 많다.

막 사회에 발을 내딛는 사람들은 성숙함은 부족할 수 있으나, 기성세대가 절대로 얻을 수 없는 단 하나를 가지고 있다. 젊음. 가지고 있는 것의 차이는 있지만 양 쪽 다 분명 중요한 것을 가지고 있다. 30대가 그 두 가지를 모두 가지고 있는 나이라고 생각한다. 그 동안 사회에서 치이며 익혀 온 내공과 또 아주 어리지는 않아도 인생에서 꽃다운 나이를 지나고 있는 이 시기에 더 나은 일을 할 수 있다. 코끼리를 길들이는 방법이 아기 때부터 네 다리를 묶어 놓는 것이라고 한다. 어렸을 때부터 도망가지 못하게 하면 어른 코끼리가 돼서 금방이라도 끊을 수 있는 얇은 줄로 다리를 묶어도 도망갈 생각을 안 한다. 갇혀진 생각 때문에 밧줄을 끊지 못하는 것만 아니라면 시도해볼만하다. 점프해보겠다는 생각만 있다면 뭐든 할 수 있는 때가 30대다.

서울대학교 아시아연구소의 2014년도 아시아연구기반구축 사업의 지원을 받아 수행한 한 연구에서는 우리나라의 경쟁 사회에 대해 이렇게 말한다.

'OECD 국가들을 대상으로 사회의 질을 분석, 비교한 결과 한국에서 경쟁의 양상은 과감한 창의성 경쟁 대신 소극적 위험 회피 경쟁을, 사회적으로 최적화된 실력 경쟁 대신 과도한 간판 따기 경쟁을, 조화로운 공생 발전 대신 약육강식의 승자 독식 경쟁을 한다는 점에서 행복감을 떨어뜨리는 주된 이유가 된다고 할 수 있다. 행복과 친화적이지 못한 경쟁의 근본 원인은 물질재의 공급을 늘리는 방식으로 성장을 이루었던 과거 고도성장기와 달리, 지위재를 둘러싼 경쟁이 훨씬 중요해진 최근의 상황과 밀접하게 연결되어 있다. 따라서 경제적 성장에도 불구하고 행복감은 오히려 저하되는 풍요의 역설을 경험하고 있는 것이다.'(출처 : 이재열 (2015) 아시아리뷰 제4권 제2호(통권 8호), '사회의 질, 경쟁, 그리고 행복' 2015: 3~29 p. 22~23)

실력만 존재하는 메마른 실력은 사람들에게 100% 진정성 있게 받아들여지지 않는다. 무한경쟁시대라도 실력만 가지고 경쟁하면 나보다 실력이 나은 사람을 이기기 어렵다. 젊음, 유연함, 의지, 판단력, 해보고 싶다는 마음가짐은 30대의 특권이다.

불안함 이면에는 철학이 존재한다. 겉으로는 실력만이 전부인 것같지만 실력을 받쳐주는 근간은 사람의 성숙함과 경험과 개념과 내공이다. 그걸 가지고 있다면, 혹여 아직 덜 갖추었더라도 그 점을 깨닫고 있기라도 한다면 무엇이 되었든 한 번 도전해볼 만한 세상이다. 언제가 될지 모르겠지만 나도 내 일을 준비해야겠다는 생각을 하고 있다면, 지금부터 하나씩 알아보기 바란다. 미래가 불안하지 않다는 생각이 드는 순간 현재 하고 있는 일도 순조롭게 항해할 것이다.

│**요약**│

1. 경쟁의 구분이 없어진 시대다.

2. 경력자는 인정을 받을 만한 실력과 가능성을 가진 사람들이다.

3. 30대는 젊음과 내공이라는 매력으로 도전하는 세대가 되어야 한다.

나를 찾아야 비전이 보이고
비전이 있어야 업을 찾는다

#두개의시계#지금현재의가치

잊지 말아야 할 '지금 현재'의 가치

방황기를 보낼 때 자신감은 높았지만 자존감은 낮았다. 할 수 있다는 생각은 강했지만 정작 해야 될 때면 주춤하기 일쑤였다. 사전적 정의도 있지만 내가 생각하는 자존감은 '어떤 상황에서도 자신을 지킬 수 있는 내적인 힘'이라고 생각한다. 지금 상황이 좀 어려움에 처해 있어도 대인관계가 어려울 정도로 낙담하거나 침울해 하거나 의지를 잃거나 휘청거리지 않는 것, 이런 게 자존감이 아닐까?

도서관에서 '사서가 선정하는 청소년 추천도서'라고 써있는 《괜찮아, 잘될 거야!》가 눈에 띄었다. 마나 네예스타니의 삽화로 구성된 책인데, 이란에서 정치범으로 분리되어 추방당해 현재는 프랑스에 머물고 있다는 작가 이력이 특이했다. 망명 중에도 SNS를 통해 사회 풍자 그림을 그려 알려지게 되었고, 그림이 주는 날카로움과 정교함이 사람들을 반응하게 만들어 우리나라에서도 유명세가 있다.

그 책을 통해 마나 네예스타니라는 작가를 처음 알았지만 망명 생활을 하면서도 뜻을 굽히지 않는 모습이 자존감이 정말 높은 사람이라는 생각이 들었다. 우리가 아무리 힘들다 해도 망명 중인 사람보다 상황이 낫잖은가. 누군가에게 거절당한다는 건 굉장히 충격적이고 받아들이기 힘든 일이다. 자국을 떠나야만 했던 아픔이 있는데도 자신이 하고자 하는 일을 해나가는 모습이 인상적이었다.

지금, 현재, 이 순간을 살아가기

현재가 가장 소중하다는 말이 있다. 지금 상황이 어떻든 인생의 어느 시기에 있든 나를 찾는 일은 지금 해야 한다. 길고 긴 인생에서 지금 해놓아야 연속해서 다음 단계로 갈 수 있다. 한동안은 사회생활하며 얻는 달콤함에 빠져 지냈으나 고민이 쌓이고, 30대 중반이 지나고 나서야 더 깊은 고민이 가능했다.

제 때 하지 못한 후폭풍은 있었다. 30대 초반 뒤늦은 마음 홍역을 앓던 어느 날 아침에 일어나는데 몸이 이불에서 떨어지지 않았다. 오늘은 또 어떻게 하루를 보내나 간신히 일어나 출근하던 날 회사에 가까워질수록 답답함을 느꼈다. 이직이나 전직, 결혼과 같은 변화가 생기면 삶이 나아질 거라고 생각했다. 그러나 변화를 지금 상태를 벗어나기 위한 도피 수단으로 여기는 순간 변화는 나를 떠나 멀리 도망치고 있었다. 심지어 내가 그토록 바라는 변화가 도피라고 생각하는 줄도 모르는 우를 범했다. 이런 상황을 해결하고 싶어서 생각나는 걸 계속 써보기도 하고 전문가와 상담도 하며 개선을 위한 노력을 했다. 나중에 드디어 변화가 찾아왔을 때는 내가 변화를 간절히 희망할 때가 아니라 변화를 찾겠다는 생각을 내려놓고 나 자신을 정립하고 있을 때였다.

생각보다 이런 고통을 겪는 직장인이 꽤 있다. 겉으로 드러나지 않았을 뿐이지 반복 되는 생활, 퇴직 이후 삶, 맞지 않는 사람들과의 인간관계, 하고 싶은 일을 찾고자 하는 욕망, 당장이라도 그만두고 싶은 이유를 찾자면 끝도 없다. 그러나 이런 생각이 든다고 해서 놓쳐서는 안 되는 게 있다. '지금 현재'라는 가치다.

행복에 관해 연구한 학자 매트 킬링스워스(Matt Killingsworth)는 박사과정 시절 만든 'Track your happiness'라는 어플리케이션으로 사람들의 행복을 측정해서 발표했다. 아이폰 앱을 통해 하루 중 무작위로 15,000명 이상의 사람들에게 질문을 보냈다. 첫 번째는 지금 기분이 좋은지 묻는 질문으로 '매우 나쁨'부터 '매우 좋음'까지 표시하게 했다. 두 번째는 지금 하고 있는 일을 식사, 일, TV 시청, 쇼핑 등을 포함해서 22가지 항목으로 나누어 체크하도록 했다. 세 번째는 지금 다른 생각을 하고 있는지 물었다. '아니오'라고 답하면 현재 활동에 집중 하고 있다는 뜻이고, '네'라고 답하면 지금 집중하지 않고 딴 생각을 하고 있다는 뜻이다. 그 결과 딴 생각을 하고 있을 때 행복하다고 느끼는 정도가 훨씬 덜 했다. 심지어는 꽉 막힌 도로 위에서 운전하며 출근하고 있는 상황에서 조차 출근하는 것 그 자체에 집중하고 있을 때가 딴 생각을 할 때보다 행복하다고 느꼈다. (출처 : '더 행복해지고 싶은가? 지금을 즐겨라.' TED강연. Matt Killingsworth. https://www.youtube.com/watch?v=Vu7m7Sbl6As)

이 내용을 사람들에게 이야기해주었을 때 '어떻게 24시간 내내 집중하며 살 수 있냐며' 반문하는 사람도 있었다. 하지만 '정체된 도로 위에서 보내는 출근길에 집중하는 것이 즐거운 상황을 상상하는 딴 생각 하는 것보다 조금 더 행복하다. 적은 돈이라도 항상 잃어버리기만 하는 게임이라면 그 게임은 하지 않겠다'라고 말하는 연구자의 부연 설명에 동의한다고 말해주었다.

내 경우엔 노트에 써 보는 게 도움이 되었다. 생각이 많아지는 걸 노트라는 보조 장치를 이용해 기억시켜두었다. 나중에 다시 볼 수 있기 때문에 써두고 나서 잠시 잊고 지냈다.

두 개의 시계 – 직장생활 시계, 내 인생 시계

직장인이라면 시계를 두 개 가지고 살기를 권한다. 직장생활을 위한 시계와 또 하나는 내 인생을 위한 시계. 회사에서는 결재를 받고 협의를 해야 일을 할 수 있는 경우가 대부분이다. 직장생활을 위한 시계에는 기다리고 조율하고 결정하는 시간이 포함되어야 한다. 그러나 내 인생을 위한 시계는 빨리 가야한다. 안 될 일을 붙잡고 있거나 때를 기다린다는 평계로 우물쭈물하고 있어선 안 된다. 해야 할걸 미루지 않고 생각나면 바로 하고 목표를 세웠으면 움직이는 시간이 빠르게 가는 시계여야 한다.

다른 사람들은 나보다 더 늦지 않았으면 좋겠다. 하루라도 빨리 찾을수록 대단한 미래가 펼쳐지고 있다고 말하면 과장일 것이다. 적어도 오늘 하루가 고단하지 않고 주변 사람들이 고마운 존재로 느껴진다. 이 순간이 모여서 미래가 만들어진다는 느낌이 명확해진다. 매일이 기대되고 새롭기 때문에 물리적인 시간도 천천히 흐른다.

직장생활 시계와 인생시계 두 개를 가지고 있으면 전환이 확확 되겠냐고 물을 수 있다. 내 삶이 명확해지면 지금 하는 일이 훨씬 좋아진다. 내 걸 찾아야 하는 이유다. 계속 미루다 보면 내 인생도 미룬다. 사회 경험도 어느 정도 했고, 앞으로는 그 경험으로 마음껏 날개를 펼칠 날들이 있을 시기이다. 자신이 생각하는 자아에 대한 의미를 만들어보아야 한다. 시간이 더 지나면 가족이 생기거나 이직을 하거나 나를 찾는 일보다 우선해야 할 의무가 생겨난다. 그 때는 이미 나보다 우선할 것을 먼저 챙겨야 하기 때문에 비전과 업을 찾는 일이 버거울 수 있다. 평생을 가져갈 비전을 찾는데 지금이 딱 좋은 시기이다. 미래는 현재가 쌓여서 만들어진 결과물이다. 오늘보다 내일 더 행복하려면 지금 해야 한다.

|**요약**|
1. 아무리 힘든 시간을 보내고 있다 생각돼도 현재가 가장 소중한 때다.
2. 직장 생활을 위한 시계, 내 인생 시계 두 개의 시계를 갖고 살기 바란다.
3. 비전을 찾고 업을 찾는 일은 지금 당장 시작한다.

서른 살, 비전 찾기

2장

—

불안함의 시대,
비전으로 돌파하라

시대 흐름을
이용하라

#좋은직장#입사와퇴사#종이한장

자신만의 기준을 만들 수 있는 시대

2000년대 초중반만 해도 높은 연봉과 네임벨류가 좋은 직장을 평가하는 기준이었다. 임금 수준이 높고 인지도가 높은 기업에 입사하면 박수쳐주고 그 사람을 인정하는 분위기였다. 지금도 현실은 그렇다. 대학생들 얘기를 들어보면 친구 중 취업한 애들이 연봉 많이 줘서 갔다는 말을 하곤 한다. 반면 달라진 양상도 있다. 중앙일보와 잡플래닛이 주최하는 '임직원이 뽑은 일하기 좋은 기업 인증 수여식'을 보면 평가 기준부터 현직 재직자가 자신의 직장을 평가한다. 재직자들의 평가라는 점도 남다르고 평가 기준 중에는 일과 삶의 균형, 승진 기회 및 가능성 등 수치로 데이터화하기 어려운 항목들도 포함돼 있다. 선정된 회사들에 대한 리뷰를 읽어보면 '높지 않은 강도에 여유로운 출퇴근 시간', '밥을 삼시 세끼 준다', '사람과 사람이 일하는 곳이라는 기분이 들게 해주는 곳', '말로만 수평 문화가 아닌 실제로 수평적인 문화' 등 과거에는 좋은 직장이라는 기준에서 생각해보기 어려웠던 표현들이 나온다. (출처 : Best Companies to Work 2017. 잡플래닛 홈페이지. https://www.jobplanet.co.kr/jobplanet_awards/2017/intro) 아마도 트렌드를 반영하면서 보다 현실적인 항목을 넣은 것 같다.

미투 운동, 갑질 폭로, 워라밸('일과 삶의 균형'을 뜻하는 Work and Life Balance의 줄임말) 같은 용어가 현 시대를 반영하듯 시간이 흐르면서 마음속에 있던 생각과 말들을 밖으로 꺼내기 시작했다. 직장인들 생활도 마찬가지다. 높은 연봉, 비교적 다른 회사에 비해 길게 다닐 수 있는 근속 연수가 있는 곳이 여전히 좋긴 하다. 동시에 주말도 휴일도 반납하며 밤낮없이 일만하고 군대식 수직 문화가 유난히 강한 곳에서 어려움을 느끼는 건 예전과 비슷하다. 또 개인의 발전 가능성을 찾기 어려운 곳에서는 행복을 느끼는 정도가 많이 떨어졌다는 말의 반증이기도 하다.

이런 분위기 속에 이제 내 길을 찾겠다고 해도 이상하게 볼 시대가 아니다. 잘 다니고 있는 직장을 그만두거나 지금 하고 있는 일 말고 다른 걸 찾겠다고 하면 혼나거나 의심의 눈초리로 쳐다보는 시대가 아니기 때문이다. 물론 당장에 겪을 무수한 어려움을 생각하며 말리는 부모님이나 선배나 언니, 오빠, 형들이 있겠지만 힘든 길 가지 말고 무난하게 살길 바라는 사람들의 마음이다. 마음은 고마운 것이고 내가 결정해야 할 현실은 현실이다. 이제 대학교 입학을 앞두고 점수와 사회 분위기와 '그레이드'라고 표현하는 외부 기준에 맞추지 말고 오로지 자신의 기준을 만들었으면 한다.

직장이 나의 정년퇴임 날짜를 지켜주지 않는다. 30대 후반이 지나가면 중년으로 들어갈 텐데 늦어진 결혼 연령, 늦은 출산에 앞으로 몇 년은 더 청년이어야 제대로 자리 잡을 것 같다. 내가 움직이지 않으면 어떤 것도 내 업을 만들어줄 장치가 없기 때문에 새로운 길을 찾아가겠다고 막상 시도하기 시작하면 그걸 보고 누가 뭐라고 할 사람도 말릴 사람도 없다. 말리면서 책임져줄 사람은 그 누구도 없기 때문이다. 말리는 것도 내가 움직이기 전까지다.

'입사'와 '퇴사' 그 종이 한 장의 차이

인터넷 검색창에 '미래에 사라질 직업', '로봇이 대체할 직업', '새로 생겨날 직업'이라는 단어를 치면 기사나 문헌이 쏟아져 나온다. 일일이 다 보지 않아도 지금은 변화할 때라는 느낌을 받을 수 있다. 나는 직장을 몇 번 옮겼다. 이직할 때 회사마다 복리후생 제도를 다 알고 가지는 않았다. 인사담당자에게 물어보기도 하지만 대개는 입사해서 동료들에게 얻는 정보가 더 많다. 몇 번 있다는 말을 들어보긴 했지만 받아본 적 없는 혜택 중 하나가 자녀 대학 등록금 지원이다. 30대 후반인 나는 미혼인데다 당장 내일 자녀가 태어난다고 가정해도 정년나이인 만 60세까지 4년제 대학 졸업을 시키기가 어렵다. 물론 그 때 자녀 등록금을 지원하는 회사에 재직해 있다면 몇 학기 정도 지원 혜택을 받을 수는 있다. 그러나 20년 가까이 남은 그 때에 어떤 상황에 있을지는 누구도 예측하기 어렵다.

서른 살, 비전 찾기

요즘 시대 사람들이 말하는 '퇴사'라는 단어는 예전처럼 그리 무겁지만은 않은 거 같다. 준비도 많이 하고 직장에서 나오는 분위기이고 내 걸 만들어보겠다고 하는 말에 안 좋게 보지도 않는다. 당연하다고 생각하는 경향이 더 많아진 듯하다. 사실 직장을 그만두는 건 그 행동을 하기 전까지 무수한 밤을 지새우며 고민하지만 절차는 종이 한 장을 쓰고 나오는 게 전부다. 과정은 상당히 간단한 일이다. '종이 한 장' 그걸로 갈라진다.

직장에 다니고 있을 때는 20년도 더 남은 날이 있는 자녀 대학 등록금 지원 제도를 큰 혜택으로 생각하지만 나오고 나니까 그것에 대한 아무런 생각이 들지 않는다. 지금 현재가 중요하지 6개월, 1년 후도 아닌 20년 후 일을 바라보며 산다는 게 오히려 현실적이지 않다는 생각마저 든다.

그동안 원하는 목표를 이루며 살아왔지만 막상 이루고난 후에 별로 행복하다는 느낌이 없었다. 이게 왜 그런가 생각해보니 그걸 이루는 과정이 행복하지 않았기 때문인 것 같다. 그렇다고 다른 길을 갔다고 해서 더 행복할 일도 아니었다. 목표를 너무 이루기 위해 현재를 놓친 게 원인이었다. 지금 하는 일로 충분히 행복하고 죽을 때까지 이 일만 할 수 있는 길이 열려 있다면 모를까 그게 아닌 사람이 대부분이다. 이런 시대에 내 인생을 만들어가고 내 업을 찾기 위해 준비한다고 해서 누가 뭐라고 하겠나. 지금 내 옆에 있는 사람도, 친구도, 가족도, 직장도 아무도 책임져줄 수 없기에 지금 해야 한다.

《하버드 첫 강의 시간관리 수업》의 저자 쉬센장은 출판기획자이자 역사, 사회과학, 자기계발 분야 베스트셀러 작가다. 그는 저서에서 '미루는 것'이란 일부러, 습관적으로, 지금 해야 할 일을 늦추는 것이라고 말한다. 생각만 하고 행동으로 옮기지 않는 사람들이 흔히 저지르는 나쁜 습관이라고 하며 미루지 않고 지금 하는 것의 중요성을 언급했다. (출처 : '하버드 첫 강의 시간관리 수업'. 쉬센장. 2018. p.34)

지금 하는 일에 별다른 문제가 없으니까, 이대로 지내도 큰 일이 생기지 않으니까 안주해버리는 습관이 참 무서웠던 것 같다. 나도 그랬고 지금도 그렇게 생각하는 사람이 많을 것이다. 갈림길을 선택하는 공식적인 절차는 '종이 한 장'이다. 종이 한 장이 있기 전 고민과 선택과 행동이 먼저 가고 있어야 한다. 누구도 내 인생을 책임져줄 수 없기 때문에 내가 움직여야 한다.

시대는 변했다.

앞서도 말했지만 주변 사람들이 말리는 이유는 내가 움직이지 않고 있기 때문이다.

|요약|

1. 과거와 현재의 '좋은 직장'에 대한 기준이 달라져 가고 있다.

2. 주변 사람들의 걱정으로 인해 기회를 놓칠 필요가 없는 나이가 30대다.

3. '종이 한 장' 차이, 그 이전에 충분한 고민이 있어야 한다.

서른 살, 비전 찾기

충분히 체계적으로
고민 하라

#고민#글쓰기#나만의방법

의미있게 고민하기

나의 20대는 진로 고민으로 한 바탕 태풍이 휘몰아친 시기였다. 졸업은 가까워지고 뭘 해야 할지 모르겠고, 고민한 시간만 합쳐도 몇 년은 되겠다. 그러나 이러한 고민들이 바탕이 되어 몇 번의 이직과 전직을 거쳐 지금은 내 길을 찾았고 그 길을 가고 있다.

이런 생각이 든다. 나 혼자서 한 고민도 시간으로 치면 몇 년인데, 대한민국 젊은 남녀가 모두 다 이와 같은 고민을 그 오랜 시간 동안 해야 할까? 이게 얼마나 사회적 개인적 낭비란 말인가.

주변의 20대 동생들에게 요즘 세상살이가 어떤지, 가장 고민되는 게 뭔지 물어봤다. 다섯 명 중 세 명이상 하는 말이 '진로가 가장 고민이고 뭘 해야 할지 모르겠다'는 답이었다. 우려한 것처럼 그 때 내가 했던 고민을 그들은 또 하고 있었다.

얼마 전 누군가로부터 받은 상처 때문에 고민이 많았다. 당시에는 잠을 자도 일을 해도 글을 써도 어떤 걸해도 머릿속에서 그 고민이 떠나질 않았다. 도저히 이래서는 안 되겠다 싶어서 몇 가지 방법을 썼고 극복했다.

열심히 살았기 때문에 앞으로가 고민되는 것이다. 고민하고 있는 여러분이 자랑스럽다. 고민이 많다고 말하면 아마도 이렇게 답할 것이다. 고민만 하면 아무것도 되지 않으니 나가서 뭐라도 하라고. 이런 말은 심각하게 고민하고 있는 사람에게 별로 도움이 되지 않는다. 참 맞는 말이긴 한데 당장 뭘 어떻게 해야 하는지 모르는데 무조건 하라고만 하니 와 닿지가 않는다.

내가 전직을 고민할 때 정말 답이 없었다. 고민을 해도 끝이 없었고 뭔가 해보려다가도 직장에서 일어난 일로 스트레스를 받기라도 하면 도저히 집중할 수가 없었다. 상황이 이렇다 보니 그저 노래를 틀어놓거나 물건을 구매하는 등 수동적인 활동을 하며 잡생각을 단순화시키는 게 전부였다. 그러다가 외부에서 열리는 각종 세미나를 듣고 다녔는데 그 때부터 생각이 열리고 수동적인 활동에서 벗어나 스스로 추진해봐야겠다는 생각이 들었다. 짧게 정리했지만 이게 내가 고민을 의미 있게 했던 방식이다.

글로 쓰는 것도 고민 해결에 도움이 방법

오리콤 브랜드 저널(2011년 10월호)에 보면 '여가'라는 것의 개념에 대해 새로운 방식으로 접근한다. 이 글을 쓴 고동우 대구대 호텔관

서른 살, 비전 찾기

광학과 교수는 여가를 두 가지로 해석한다. 하나는 소극적 의미로 과도한 긴장 상황에서 벗어나는 경험을 말하고, 다른 하나는 적극적 의미로 무언가 스스로 선택하고 결정하는 주도적인 경험이라고 말한다. 그래서 전자를 '해방감'이라 한다면, 후자는 '자기 결정감'이다.

고민 얘기를 하다가 왜 여가가 나왔는지 의아해 할 수 있다. 우리가 앞으로 일어날 일에 대해 어떤 고민을 한다는 건 현재 상태가 비교적 여유가 있다는 말이기도 하다. 시간이 남아도니까 쓸데없는 생각을 한다고 비하하는 게 절대 아니다. 나도 같은 과정을 거쳤기 때문에 내가 그런 비약을 해서는 안 된다. 핵심은 중간고사 같은 시험기간에 이런저런 생각을 할 여유가 없는 것처럼 신체적 물리적으로 정신이 없을 때는 미래에 대한 고민을 할 여유조차 없다. 나 또한 고민을 해결하기 위해 사람들을 만나고 세미나에 참가할 시간이 있었기 때문에 고민도 하고 해결책도 찾을 수 있었다.

'여가'에 대해 위와 같이 정의한 고동우 박사는 계속해서 '재미진화모형'에 대해 설명했다. 사람들은 어떤 새로운 걸 접할 때 처음에는 시각적으로 보는 것(seeing)을 통해 접한다. 그러다가 보는 것이 식상해지면 물품을 구입하고 수집하는 가지기(having)단계로 들어간다. 이것도 재미가 없어지면 행동하기(doing)로 나타난다. 우상을 사랑하거나, 지원하거나 모방하는 형태로 나타나는데 이런 행동은 종종 주변사람들로부터 이상한 사람으로 취급받기도 한다. 그래서 나타나는 마지막 형태가 되기(being)이다. 이 단계에서는 집단을 통해 그룹으로 행동하며 자기 정체성을 확인한다. (출처 : '여가심리학과 마케팅'. 고동

우. Oricom Brand Journal No.56 2011. 10. p.1~3)

고동우 박사의 칼럼에 의하면 '여가'로 표현한 자기 결정감을 완성하는 마지막 단계는 완전히 동화되는 것이라고 본다. 많은 사람들이 진로에 대해 고민 한다. 고민을 해본 사람들에게 물어봤지만 아주 대단한 극복방안이 있었던 건 아니었다. 머리가 아프도록 고민을 하고 최후에는 고민하면서 들었던 여러 가지 생각들을 하나씩 차근히 실행했다고 말했다.

어떤 사람은 지방대를 나와서 졸업 전에 취업이 고민이었는데, 결국 자신의 성향을 고려하여 취업보다 창업으로 방향을 잡았다고 했다. 창업 동아리에 들어가서 거기서 만난 사람들과 함께 동업을 하며 기반을 닦아 지금은 자기 이름으로 설립한 사업체를 운영하고 있다. 또 어떤 사람은 마찬가지로 진로에 대해 고민했는데, 고민만 하면 답이 안 나와서 아르바이트를 하더라도 남보다 열정적으로 해서 사람들 눈에 띄도록 행동했다. 실행해가면서 최초의 그 고민과 완전히 동화되어 갔다.

결과만 놓고 보면 앞에서 와 닿지 않는다고 말한 '고민할 시간에 뭐라도 좀 해'라는 말이 사실은 정답이기도 하다. 그러나 뭐라도 하려고 결심하려면 또 그만큼 뼈저린 고민의 시간도 필요하다. 고민을 하든 생각을 하든 중요하지 않다. 다만 충분히 고민하고 숙성시키는 시간은 분명히 필요하다. 그리고 결론을 냈으면 그대로 할 수 있는 의지가 있어야 한다.

같은 고민을 하는 사람끼리 모이는 것도 좋고 정말 열정적으로 행동을 하던지 누군가가 하는 말을 유심히 들어보던지 자기만의 방법을 찾아야 한다. 일과 적성, 업에 대한 고민은 그렇게 해결해 갔다.

그러면 마음의 상처로 생긴 고민은 어떻게 됐을까?

거의 한 달 동안 생각나는 모든 걸 다이어리에 손이 아프도록 썼다. 그리고 눈으로 읽고(seeing), 다른 사람이 쓴 책이나 인간관계와 관련된 기사도 모으고(having), 어느 정도 결론이 지어지자 주변 사람들과 상의도 하고 '같은 일이 또 일어난다면'이라는 가정으로 행동 방안도 세워봤다(doing). 아직 되기(being) 단계까지는 가지 않았다. 아무래도 사적인 일이다보니 사람들과 함께 하기는 어려웠다. 그래도 이 정도로도 고민을 많이 떨칠 수 있었다. 유사한 일이 또 일어난다면 어떻게 해야 되겠다는 실행 지침까지 만들어두니 이제 그 고민은 적절한 경험이 된 거 같기도 하다. 어쨌든 좋은 경험이었는지 안 좋은 트라우마일지는 시간이 더 지나봐야 알겠지만, 체계적으로 정리를 하다 보니 배우는 것도 있었다.

비전도, 진로도, 불안함도 지금은 고민이겠지만 그걸 넘기면 분명히 달라지는 날이 있다. 그걸 믿고 고민 속에서도 의미를 찾는 자기만의 방식을 발견하길 바란다.

|요약|

1. 열심히 살아온 만큼 앞으로가 고민되는 건 자연스러운 일이다.

2. 글로 쓰는 것도 고민 해결에 도움이 된다.

3. 충분히 고민한 후에는 해결안을 하나씩 실천해 간다.

직업은 유행이
아니라 선택이다

#업#직관#통계

자료 조사 및 경험과 직관을 통해 업 찾기

2017년 한국직업사전에 수록된 우리나라의 직업 수는 11,993개이다. 무슨 직업이 이렇게 많은가 싶을 정도다. 조사한 한국고용정보원 자료에 따르면 우리나라 직업 수는 1980년대부터 계속 늘어왔다. 과거에 '커서 뭐 될래?'하고 물으면 대통령, 의사, 영부인 등으로 대답할 때에 비해 지금 훨씬 다양하게 답하는 게 당연한 일일지 모른다.

정부 기관에서 만든 통계 자료는 찾아보면 많이 있다. 고용노동부에서 발행한 '2017한국직업전망'이라는 자료에는 향후 10년 간 직업 전망에 대한 정보도 제공하고, 통계청에서 발간한 '한국표준직업분류'에는 직업에 대한 설명도 써있다.

(https://www.work.go.kr, https://kssc.kostat.go.kr 참조)

서른 살, 비전 찾기

이러한 자료를 보는 방법도 있지만 성인이 되어 업을 찾는 사람은 살면서 해 온 여러 가지 경험이 많기 때문에 직관으로 찾을 수도 있다. 해보니까 좋았던 일, 성향에 맞는 일 등을 떠올리면서 뻗어나가기도 하고, 블로그에 올렸던 글이 사람들에게 호응이 좋아서 강의를 하거나 멘토링 일을 하게 되기도 한다. 찾는 방법 또한 다양해졌다.

90년대에 신문방송학과를 배경으로 하는 시트콤이 인기를 끌자 많은 친구들이 신방과에 가고 싶어 했고, 몇 년 후 호텔을 배경으로 한 드라마가 나오자 호텔경영학과에 지원하고 싶다는 친구들이 많아졌다.

지금 20대 여대생 중에 화장품 회사에 가고 싶다는 학생이 꽤나 있다. 중고등학교 때부터 화장품에 관심이 많다보니 일에도 관심이 많아진 것이다. 어떤 친구는 화장품 관련 일을 꼭 하고 싶다고 해서 제약회사에서 일하는 화장품 마케터에 대해 알려주기도 했다.

다 좋은 일이다. 일찍부터 가고 싶은 분야를 정하고 한 발 먼저 알아보겠다는 의지에 동의한다. 관련 직무에 대해서 좀 더 깊이 들여다보고 그 분야에서 일하는 사람을 만나보는 일도 병행했으면 한다.

지금 하는 모든 활동이 업 찾기와 연결된다

스티브 잡스가 스탠포드대학 졸업축사에서 말한 'Connecting the dots'라는 말처럼 과거와 지금 일어나는 좋은 일, 나쁜 일, 성공 혹은 실패 등 모든 일들은 어떻게든 미래를 만드는 것과 연결되어 간다. 또 수명은 늘어나는데 평생 한 직장에서 정년까지 다니기 힘들어졌고, 흥미진진한 것 좋아하는 사람은 새로움을 찾아다니기 좋아진 시대에 살고 있으니 스티브잡스의 저 말이 더욱 와 닿는다. 지금 하고 싶은 것들을 묵히지 말고 적극적으로 실천해갔으면 한다.

나는 닮고 싶은 사람이나 얘기 듣고 싶은 사람이 있으면 어떻게든 찾아 만났다. 15년 만에 은사님도 찾아갔고, 유명 강사나 기업 대표도 찾아갔다. 대부분은 거절 받을까봐 두려운 마음에 이걸 잘 실행하지 못하는데, 생각보다 거절을 잘 하지 않고 어떻게든 시간을 내준다. 또 만남에 있어서 거절 받으면 어떤가. 시도해보지도 않고 포기하기보다 해보면 의외로 풀리는 일이 더 많다. 몇 번 하다 보니 무척 내성적인 나에게 사람들은 적극적인 성격이라는 말도 했다.

하고 싶고 할 수 있는 일을 안 하며 살아갈 수는 없잖은가. 내 길을 찾아가는 요즘 개인으로 일을 하면서 느끼는 좋은 점이 있다. 미팅을 하고 싶을 때 회의를 잡고, 원고를 써야할 때 방해받지 않고 쓸 수 있고, 만나고 싶은 사람이 있다면 눈치 보지 않고 만나러 다닐 수 있다. 참석하고 싶지 않은 회의에 들어갈 필요도 없고 남들이 꺼려하는 장소로 출장을 떠날 필요도 없으며 시간에 대한 모든 선택이 나에게 달려 있다. 24시간이 나를 중심으로 돌아간다. 하는 일과 개인 생활에 구분이 없을 정도로 열정을 가지고 산다.

무료한 일상과 찌들어 보이는 안색, 주말이면 수면과 휴식이 전부였던 게 지난 날 내 생활이다. 너는 웃는 모습을 본 적이 없다고 사람들이 말하곤 했다. 사회에 첫 발을 디디며 맡았던 직무가 영업이었다. 내성적인 내가 다수의 사람을 만나며 비위를 맞추고 처음 보는 사람에게도 오래 알고 지낸 것처럼 친화력을 발휘해야 할 때 얼마나

서른 살, 비전 찾기

힘들었는지 모른다. 그 경험이 내공이 되어 만나고 싶은 사람이 있으면 찾아다니고 모르는 사람과도 편안히 대화할 수 있는 성숙함이 만들어졌다. 스티브잡스의 Connecting the dots를 실현해가고 있다.

이제 매스컴에서 어떤 직업이 멋있게 표현된다고 해서 그 쪽으로 쏠리는 현상도 많이 없어진 것 같다. 다양한 매체를 통해서 직업에 관한 정보를 알 수 있기에 할 수 있는 일도 폭이 넓어진 것 같다. 정보는 넘쳐나니 선택만 하면 된다. 그리고 행동해야 된다.

미국에서 취업 준비 대학생 431명과 직장인 1,295명, 총 1,726명을 대상으로 설문 조사를 진행한 연구결과가 발표 되었다. '인재 보고서 2012:그들이 직업을 통해 원하는 것'이라는 이 보고서의 Executive Summary를 번역한 전문 컨텐츠 기업 Impact Business Review(IBR)에 실린 2013년 1월 1일자 기사 내용을 소개한다.(출처 : http://ibr.kr/223#) 직업을 선택하는데 있어 다른 사람들은 어떤 생각을 가지고 있는지 참고 내용으로 보면 좋을 것 같다.

· 사람들은 행복에 도달하기 위한 가치관과 삶의 목표로 1, 2위는 안정적인 재정과 결혼을 꼽았다. 그 다음으로 나타난 게 임팩트를 만들 수 있는 사업으로 나타났고, 이는 부유함이나 명성 있는 커리어보다 높게 나타났다.
· 절반이 넘는 학생들(58%)이 모든 조건이 동일할 때 개인적 가치와 조직의 가치가 조화를 이루는 직장에서 일하면 임금의 15%를 삭감할 수 있다고 응답했다.

· 대기업, 중소기업, 비영리 및 정부 기관에 걸쳐 다양한 섹터에서 일하는 것에 대해서 절반의 학생들이 긍정적으로 느낀다고 답했다. 1순위는 정부 영역이었고 주된 이유는 고용 안정성이었다.
· 긍정적인 사회적 임팩트를 만들어내는 상품이나 서비스와 직접적으로 관련된 일을 한다고 응답한 45%의 직장인들은 그렇지 않다고 응답한 29% 사람들에 비해 직장에 대한 만족도가 높았다.

어떤가? 다른 사람들 생각도 내 생각과 많이 다르지 않다. 안정을 추구하면서 개인의 가치도 점점 중요해지고 있다. 예전에 뉴욕에 갔던 적이 있다. 뉴욕을 겉에서만 봐서는 차도 막히고 사람도 많고 게다가 시기를 그 때로 잡은 탓도 있지만, 땀이 줄줄 흐르는 더위도 뉴욕이 정말 좋은 곳일까 하는 의문을 갖게 했다. 그러다 얼마 후에 뉴욕의 진짜 묘미가 무엇인지 알게 되었다. 모든 관심 분야의 종착지가 뉴욕이라는 설명이었다. 정말 원하는 일을 갖고 그 일을 업으로 삼고 살면서 나와 관련된 일의 출장으로 뉴욕에도 다녀오는 경험을 꼭 해봤으면 한다. 더 많은 사람들이 좀 더 펼칠 수 있는, 살아가는 동안 해볼 것이 더 많은 선택을 하며 살았으면 좋겠다.

|요약|

1. 직업을 찾는 방법에는 통계자료를 참고할 수도 있고 직관적으로 찾을 수도 있다.
2. 사회를 알고 성장해본 경험이 있는 30대에는 직관으로 찾는 것도 도움이 된다.
3. 안정성도 중요하지만 개인의 가치관도 반영하길 바란다.

서른 살, 비전 찾기

점수 맞춰 대학 간
운명 뒤집기

#캥거루족#비전찾기#지금

대한민국 청년들의 주거 유형

나는 캥거루족이다. 설명하지 않아도 캥거루의 의미를 알 거라고 생각한다. 어미의 주머니에서 나오지 않는 새끼 캥거루를 본 따서 만든 말. 그 신조어에 해당되는 사람이다.

한국직업능력개발원에서 조사한 '캥거루족의 실태와 과제'를 살펴보면 대학 전공을 선택한 기준과 캥거루족이 된 관계에 대해 흥미로운 결과를 제시한다.

'성적에 맞춰 대학과 전공을 선택한 경우 절반 이상이 졸업 후 캥거루족이 된다. 성적에 맞춰 대학을 선택한 경우 54.7%, 전공을 고려한 경우 50.5%, 취업을 우선으로 고려하여 진로를 선택한 경우 43.7%로 나타났다. 전공 선택 기준별 캥거루족 비율은 성적 위주가 58.1%, 흥미와 적성은 52.1%, 취업 위주는 45.5%로 나타나 성적에 맞춰 대학과 전공을 선택한 경우 캥거루족에 속할 비율이 가장 높았다.

전반적인 특징으로는 전체 대졸자 청년 중 캥거루족 비율은 51.1% 였다. 부모와 함께 살면서 용돈을 받는 Ⅰ형 캥거루족이 대졸 청년 중 10.5%, 부모와 동거는 하지만 생활비를 드리지도 않고 용돈도 받지 않는 Ⅱ형 캥거루족이 35.2%, 부모와 따로 살면서 용돈을 지원 받는 Ⅲ형 캥거루족이 5.4%로 나타났다. (출처 : '캥거루족 실태 분석과 과제'. 오호영. 한국직업능력개발원 // '대졸자 51%가 캥거루족… 부모에게 의존'. 이보라 기자. 머니투데이. 2015. 08. 13)

대기업에 다닐 때도 독립하지 않았던 나는 부모님과 함께 살면서 생활비를 보태지 않고 경제적 지원도 받지 않는 Ⅱ형 캥거루족이다. 나는 부모님의 도움을 받아 주거 문제를 해결하고 있는 중이다. 이와 같은 유형은 우리나라 캥거루족 중에서 가장 흔한 유형이라고 문헌에서 말한다.

생각만큼 마음대로 되지 않는 세상

대학 입학 서류를 내던 때 학교 및 학과 별로 수능시험 몇 점대가 지원해야 하는지 나온 큰 표가 있었다. 학교 별 일정에 맞게 그 표를 보고 지원을 했다. 점수 맞춰 대학에 갔다. 그 후 대한민국 사회를 반영하며 새로운 세대를 상징하는 용어인 '캥거루족' 중에서 성적대로 대학에 간 사람과 이후 그들의 삶을 보여주는 가장 대표적인 유형이 되었다.

특별히 새끼 캥거루에서 빨리 벗어나고 싶다는 생각을 하지도 않았지만 이런 상황을 바꾸는 것도 쉽진 않았다. 캥거루족으로 살고 있는 주된 이유인 주거 문제를 해결하기 어려웠고, 또 그 동안 살아온 곳에서 나가 외부에서 터전을 잡는다는 게 두렵기도 했다. 그러는 동안 회사도 옮겼고 전직도 했다. 생각하기에 따라 모험을 추구하는 사람으로 보일 수도 있지만 내 성향이 그렇게 크게 도전적이지는 않다. 중고등학교 때 꿈은 학교 선생님이었고, 누구보다도 안정적으로 살길 원했고 직장에 다니면 일하다가 결혼해서 가정을 꾸리는 평범한 여자의 삶을 살 생각이었다. 이런 생각을 하며 사는 동안 그런 안정적인 삶은 내 것이 되지 않았다. 어쩌면 그 때 생각한 안정적인 삶이라는 게 그거 말고 다른 생각은 할 수 없게 사고가 막혀 있어서 그랬는지도 모른다.

어떤 걸 하면 재미있고 혹은 재미없는지 정해지지는 않았지만 세상에는 흥미진진한 일이 참 많다. 내가 즐겁고 흥미로우면 재미있는 일이고 내가 재미없으면 억만금을 준다 해도 괴롭다. 어떤 사람은 대학교 때부터 전공을 살려 관련 직무를 배우고 졸업하고도 같은 분야로 취업해서 일을 하다 자기 사업을 하기도 하고 계속 기업에 소속해서 일하기도 한다. 이 시간에도 누군가는 자기 분야에서 인정받고 매체에도 나오고 경쟁자와 다른 차별점을 계발하고 있다. 반면 하는 일도 재미없고 사는 것도 무료하고 이 길이 아닌 것 같고 끊임없이 딴 생각이 난다면 빨리 길을 찾아야 한다.

아들을 대학 보내던 50대 어머니가 자신이 대학에 가던 시절과 지금이 하나도 달라진 게 없다고 한탄했다. 2학년에 재학 중인 어느 대학생은 같은 학과 동료들 중 전공을 통해 꼭 뭘 해보겠다는 의지로 오는 사람이 별로 없다고 말했다. 나는 대학교 때 늘 졸업하고 뭘 해야 하는지 답을 못 찾았다. 다른 사람들도 내가 대학생일 때와 비슷한 얘기를 한다. 그 때보다 더 하면 더 하다고 말하는 교수님도 있다. 이게 무슨 일인가 싶다.

인생에서 하고 싶은 일을 꼭 알아갔으면 좋겠다. 지금이라도 길을 찾으면 달라질 수 있다. 예전과 달라진 게 있다면 배우고 싶은 게 있다면 마음껏 배울 수 있고 만나고 싶은 사람이 있다면 찾아 가 만나볼 수 있다. 전례가 없던 정보라는 혜택을 우리는 받고 있다. '뭘 하고 싶은지 모르겠어요', '전공부터 다시 선택하고 싶어요' 나중에 이런 말 하지 말고 잘 선택하라고 점수 맞춰 대학갈 때 분명히 듣지 않았나.

비전 찾기 지금부터

되돌아가고 싶다는 생각 할 필요는 없다. 지금부터 길을 찾으면 된다. 자기 철학을 가졌으면 좋겠다. 누구보다도 불만 많고 남 탓 많이 하는 사람이 과거의 나였다. 생각의 폭이 좁으니 한 길만 가겠다고 상상했고 그게 안 되면 남 탓을 하고 사회 탓을 했다. 지나고 나서 길을 찾고 보니 그 때 불평불만을 머릿속에 넣고 입에는 달고 살았던 모습이 부끄러웠다.

지난날을 탓하는 반복적인 부정적인 생각과 작별하기 위해 사람들을 만나고 다녔다. 확실히 성공한 사람들에게는 다른 점이 있었다. 지나간 날을 후회하거나 나쁘게 생각하지 않고 현재에 집중하는 모습을 보였다. 한국 사람의 상위 10%와 하위 10%의 소득 격차가 더 벌어지고 있다고 한다. 계속 과거의 선택과 현재 상황으로 인한 불만만 가지는 동안 다른 사람은 앞을 향해 더 뛰고 있다. 생각을 조금만 바꾸면 훨씬 재미있는 세상이다. 앞으로 반복적, 기계적인 일은 인공지능이 대신하고 사람의 휴머니즘은 더욱 가치를 존중받는 시대가 된다고 한다. 다가 올 미래를 위해서라도 점수로 줄 서지도 말고 그걸 한탄하며 시간을 허비하지도 말고 우선 나부터 챙기고 보자.

지금 이 시간에도 다른 사람들은 자기 경력을 만들어가는 중이다. 언제까지 재미없고 무료하게 살 것인가. 흥미로운 상황을 좋아하지 않을 사람은 없다. 지금이라도 길을 찾으면 달라질 수 있다. 아들을 대학 보낸 50대 어머니가 자신이 대학갈 때와 아들을 보낼 때 달라진 게 없다며 한탄한 것처럼 변화하려면 지금이라도 해야 한다. 그렇지 않으면 몇 년 후에 또 후회하고 그런 안 좋은 감정을 다른 사람에게 전파한다. 나도 잘 되고 다른 사람도 잘 됐으면 좋겠다. 지금 뭔가 부정적인 생각이 든다면 '점수 맞춰 간 대학 운명 뒤집기'를 이제부터라도 인생의 한 프로젝트로 만들었으면 한다.

|요약|

1. 대학 졸업 후에도 부모님의 지원을 받는 캥거루족이 51.1%라는 조사 결과가 있다.

2. 여전히 졸업 후 진로에 대해 고민하는 청년들이 많다.

3. 비전 찾기는 살면서 어느 때라도 반드시 해야 한다. 시기는 바로 지금이다.

그럭저럭 입사한
회사에서 살아남기

#직장생활#원하는일#해야만하는일

하는 일이 잘 돼야하는 이유

회사에서 살아남는 이야기는 어떤 말로 표현해도 조심스럽다. 서점에는 관련 책들이 넘쳐나고 개개인도 알고 있는 지식이 이미 많다. 잘 되는 사람도 있고 그렇지 못한 사람도 있는 게 현실이다. 남이 어떤 의견을 주더라도 똑같이 해도 잘 따라해 지지 않고 결국은 내 방식을 찾아야 한다. 어떤 사람은 직장에서 배운 업무 스킬로 자신의 사업을 하려고 창업 하고 싶은 업종과 비슷한 분야에서 일하는 사람도 있다. 또 어떤 사람은 입사 성적부터 최우수 사원으로 시작하더니 줄곧 임원이 되겠다는 목표로 직장 생활 자체를 즐기는 사람도 있다. 나도 12년 동안 수없이 굴곡이 있었고 내 경우는 나만의 길을 찾아서 퇴사 했다. 이처럼 모두 다 다양하다.

연봉이 높아서든 하고 싶은 일을 찾아서든 입사한 회사에서 직장

생활을 하고 있는 여러분에게 하고 싶은 말은 이 정도다. '나중에 뭘 하고 싶은지 스스로 답을 찾아보라'고.

직장에서 내가 할 역할과 책임이 잘 돌아가고 있어야 다른 일도 잘 된다. 신경이 쓰이고 스트레스를 받고 있으면 다른 걸 하고 싶어도 집중이 안 된다. 대단한 걸 준비하는 것도 아니고 마음 놓고 친구를 만난다거나 단지 편하게 쉬는 것조차 내 마음대로 안 된다. 회사를 다니고 있다면 이런 걸 방지하기 위해서라도 내 일이 잘 돌아가야 한다.

사회생활 하면서 필연적으로 생기는 불안과 불만

금융계 공기업을 다니는 30대 초반 사원을 만난 적이 있는데 지금 회사에 입사하기 위해서 3년 동안 직장을 세 번 옮겼다고 말했다. 다니고 싶은 회사를 찾아 정착 했으니 정말 다행이다. 직장에 하고 싶은 일이 있어서 입사한 사람이 있고 연봉이 높아서 입사한 사람이 있다. 위에 말한 세 번 옮긴 사람은 하고 싶은 일을 찾아 간 사람이다. 자주 옮겨서 경력이 만들어지지 않았다며 다소 늦게 시작한 신입사원임을 걱정하는 듯 했지만 좋아 보였다. 열심히 했으니까 괜찮다고 다독여주었다.

'월급 전쟁'의 저자 원재훈 공인회계사는 부자들은 자녀가 좋아하는 일, 스스로 할 수 있는 일을 하도록 한다고 말한다. 대기업에 다니면서 좋아하는 일을 하기는 쉽지 않다. 인사발령, 부서 재배치, 사업 구조조정으로 본인이 원하거나 적성에 맞는 일을 하기란 애초에

불가능하다. 그래서 늘 불안하다고 전한다. (출처 : 월급 전쟁. 원재훈.2012. p.70)

실제로 현실에서 얼마든지 일어날 수 있는 일이다. 그렇기에 어렵게 들어간 남부럽지 않은 직장을 스스로 그만두고 나오는 일도 생긴다. 하고 싶은 일을 찾아 입사했어도 퇴사할 때까지 그 일만 한다는 보장은 없다. 그래도 긴 시간 열의를 다해 다녀야 하는 직장에서 어떻게든 남아야 한다.

지금 자리에 불만이 있어도 밖에는 여기 오고 싶어 하는 취업 준비생과 이직 준비자들이 있다. 불만이 있으면 일에 소홀하게 될 수밖에 없다. 그러면 또 불안해진다. 준비 없이 남에게 내어줄 수는 없지 않은가. 상황이 바뀌어도 크게 달라지는 건 아니다. 직장 밖으로 나와서 활동하고 있어도 불만이 줄어들긴 했지만 완전히 없어지진 않았다. 살면서 무슨 일을 하든 어느 정도 가지고 가야 하는 게 불만과 불안이다.

'회사는 언젠가는 나와야 하는 곳이다'라는 말은 하고 싶지 않다. 자발적으로 입사했으니 열정도 자기 거였고 의지도 그만큼 강했다. 하지만 시간이 지나면 약해진다. 입사 후 몇 년 지나서 슬럼프에 빠지는 시기를 겪어보니 '세상에서 할 수 있는 다양한 일들 중 하나다'라는 '담백한 생각으로 임하는 게 제일 좋다'는 생각이다. 직장 생활은 막 좋아서 시작해도 굴곡이 생기게 마련이다. 안 그랬다는 사람을 한 명도 보지 못했다. 열정과 도전의식을 가지고 적극적으로 일하라는 말보다 더 중요한 게 있는 것 같다. 세상을 넓게 보면 지금 하는 일이 더 좋아진다는 사실이다.

마이크로소프트에서 심리컨설팅을 수행한 애너 롤리 박사는 '회사 일에 상처받지 말아라'에서 '당신은 행복한지 생각해보라'고 말한다. 과거에 자신이 꿈꾸던 사람이 되어있는지, 늘 원했던 일을 하고 있는지 신중하게 답하라고 한다. 무엇을 대답하는지가 정신 건강에 매우 중요한 의미를 지닌다고 자신의 책에서 설명한다. (출처 : '회사 일에 상처 받지 말아라'. 애너 롤리. 2008. p.278)

순조로운 직장생활을 위한 불안 관리

퇴근 무렵에 내일 아침까지 보고서를 준비해오라면 꼼짝없이 해야 되고, 일이 많은 날에는 점심시간도 줄여가면서 해야 한다. 지금도 이렇게 하고 있을 거라 생각한다. 잘 하고 있고 조금만 더 욕심을 내자면 상황이 힘들어도 내가 선택한 길이라는 생각만 추가해주었으면 한다.

자기 삶이 타인에 의해 좌지우지 되고 있다는 느낌만큼 힘 빠지는 게 없다. 직장생활을 하다보면 왠지 모르게 밀려오는 '나는 월급 받는 사람이고, 회사의 주인은 내가 아니다'라는 생각. 이런 생각이 들기 때문에 심경이 복잡해진다. 동료들과 친한 관계를 맺다보면, 또 어느 정도 일에 익숙해져서 성과가 나오고 하다보면 이런 생각도 순간순간 잊겠지만, 어느 시기가 되면 또다시 밀려온다. 몇 년 다니다보면 입사 때 가졌던 포부와 자부심도 변해가는 게 이 때문일 거다. 그럴 때 나를 잡아줄 수 있는 게 나 자신 밖에 없지 않을까 싶다.

다른 건 다 잊어버려도 이거 하나만 기억해주었으면 한다.

누구보다도 나를 위해서 좀 더 주도적으로 생활해 줄 수 있는지. 회사에서 일어나는 일들에 대해 어지간해서는 굳은 심지를 가질 수 있는 뚝심이 생기면 그에 따라 마음의 여유도 생긴다. 그 여유를 활용해 내가 추구하는 것을 얻는다. 자발적으로 자신의 길을 찾아가길 바란다. 직장생활을 오래 하던 자신의 길을 찾던 뭐든 좋다. 자신이 원하는 방향이라면 부디 이 순환이 순조롭게 돌아가는 회사 생활을 했으면 한다.

| 요약 |

1. 직장 생활 초년 차에는 변화와 굴곡을 다양하게 겪어보는 것도 경험이다.

2. 경력이 쌓여갈수록 불안감도 커진다.

3. 사회생활이 순조롭게 돌아가는 것은 결국 자기 자신을 위한 일이다.

서른 살, 비전 찾기

Uneasy에서
easy로

#불안#체계적인고민#안정감

불안보다 행동이 먼저

나는 불안해하는 성격을 가지고 있다. 그리고 주위 사람들로부터 완벽주의자라는 말을 듣는다. 불안해하는 성격에 완벽주의자. 뭔가를 시도하기 전부터 걱정을 하고 완벽하게 하지 못할 거라면 지금 할 필요가 없다고 생각하는, 해야 할 일을 미루는 스타일이다. 한 번 이걸 깨뜨렸던 게 첫 책을 쓸 때였다. 앞날에 대해 막막해할 때 책을 써야겠다는 생각이 들었다. 생각났을 때 바로 했다.

나름대로 무언가 이루었다고 생각하고 한 행동은 그 다음 행동을 앞당겼다. 조직 구성원이었던 나는 이후 개인으로 활동하게 되었다.

원래 더 많은 고민을 했는데 대략적으로 내가 전직을 계획했던 과정은 이랬다. 허무하다고 느낄 정도로 단순한 과정을 밟았다. 이 때 깨달은 교훈이 있다. 막상 해보니까 상상했던 만큼 어렵지 않다, 차라리 해보고 나서 돌아보는 게 덜 불안하다, 이 두 가지였다.

무조건 없애야 하는 미루는 습관

펭귄은 날지 못하는데 날고 싶어 하는 한 마리가 있었다. 지붕 위에 올라가서 날아보려고 했지만 추락했고 비행기를 만들어서 타보았지만 오래 날지 못했다. 그러다 친구의 조언으로 바다 속을 날아보는데 추락하지도 않고 비행이 빨리 끝나지도 않으며 누구보다도 멋있게 훨훨 날고 있었다. 예상했겠지만 우리나라 기업이 만든 애니메이션 아이코닉스의 '뽀로로'이야기다. 아이들이 보는 만화 이야기를 꺼낸 이유는 내 안에 있는 자질을 찾을 수 있어야 비전을 발견하고 업을 찾는다는 생각이 만화에 그대로 담겨 있어서다. 만화 주인공은 날고 싶어서 조종사 헬멧까지 쓰고 다니지만 스스로 날 수 없다. 하지만 동료들과 어울려서 일을 해내고 사이좋게 지내고 바다 속에서 헤엄치는 일에는 두각을 나타낸다. 꽤 감동적인 장면이다. 저렇게 내가 잘 하는 걸 찾고 싶다는 생각을 했었다. 만화 캐릭터가 동료 사이에서 인정받는 것처럼 잘 하는 걸로 인정받고 계속 계발하며 살고 싶다는 생각을 했다. 남이 만들어 놓은 틀 안에서 사회가 만든 기준에 맞추는 게 아니라 오로지 나 자신만 생각한 그런 길을 찾고 싶었다.

중요한 건 미루는 습관 때문에 생각한 건 많은데 하나도 시도하지 않았다는 사실이다. 시도 하지 않고 생각만 할수록 불안함은 커져만 갔다. 생각하는 걸 현실로 바꾸는 과정부터 고민했다.

나는 왜 빨리 움직여지지 않을까?

어쩌다가 미루는 습관이 생겨버렸을까?

어떻게 하면 생각났을 때 바로 할까?

이것부터 정리해야 했다. 또 꼬리를 무는 생각이 이어진 후 결론을 냈다.

"나는 어느 정도 고민하는 시간이 필요하다."

이런 결론을 낸 후에 해야 할 게 있었다. 고민을 체계적으로 해야만 했다. 이렇게 내가 어떤 생각을 가지고 사는지 마주한 후에 미래에 대해 별로 불안하지 않았다. 제대로 시도하면 된다는 걸 알아서였다.

직장에 다닐 때 카페 하고 싶다는 사람, 자기 회사 만들고 싶다는 사람, 유통업을 하고 싶다는 사람 등 종류는 달랐지만 자영업을 하고 싶어 하는 사람들을 참 많이 봤다. 그게 아니면 건물주가 되고 싶거나 자영업이나 건물주 둘 중 하나의 비중이 컸다. 모두 비슷한 생각을 한다. 한결 같은 건 언젠가 떠나야 할 회사라는 생각을 가지고 있다는 점이다. 그런데도 무엇을 하고 싶은지 해야 하는지 명확하지 않은 경우가 대부분이었다. 한 선배가 '요즘은 한 눈 팔다보면 옆으로 확 밀려날 거 같아'라고 말했던 걸 들은 기억이 난다. 직급을 막론하고 조여 오는 압박과 불안한 현실 속에 까딱하면 순식간에 자리 뺏길지 모른다는 말이었다. 당장 무슨 일이 일어나지 않더라도 뭔가 불안하다는 생각은 다들 하고 있었다. 그런데도 움직이지 않는 이유를 대보라고 하면 100가지도 넘게 말할 수 있다. 가장 큰 이유가 지금 벌어들이는 수입을 놓을 수가 없어서다. 현실적으로 가장 중요한 문제다. 정확하게는 함부로 놓으면 큰 일 나는 요인이다. 그러나 바꿔서 생각하면 언젠가 그 수입을 완전히 손에서 놓아야 되는 날이 오기 전에 미리 다음 단계를 마련해야 한다. 수입이 끊어지거나 줄어든다면 이후 삶에 대한 불안함이 벌써부터 두려움으로 느껴지기 때문에 지금 다른 생각을 하기가 어렵다. 그 과정을 먼저 겪어 본 나로서는 아주 중요한 요인이 맞다는 걸 안다. 미리 말해드리자면 대단히 부정적인 사람이 아닌 이상 막상 그 상황이 되면 또 다른 방안을 찾아 가게 된다.

오늘 불안함이 내일 긴장감이 되도록

시도하기 위해 나름대로 만든 체계적인 고민 방법은 확실히 시간을 앞당겼다. 어렵더라도 생각한 걸 바로 할 수 있도록 습관을 바꿔야 했다. 다행히 나는 불안하고 완벽주의 추구자이긴 했지만 이면에 장점도 있다. 지나치게 감상적이지 않다. 상황을 현실대로 똑바로 보려고 노력하고 감정에 휩싸여 흔들리는 일이 없으려고 하는 편이다. 오감으로 판단하는 일이 드물고 체계적인 것에 안정감을 느낀다. 이걸 활용해보기로 했다. 열심히 쓰고 분석하고 정리해서 나온 결과물대로 행동하기로 했다. 그 기간이 무려 3년이나 걸렸고 해놓고 보니 내가 만든 바이오그래피 같은 것이 나왔다. 은근히 재미있었다.

지금은 가끔 답답할 때는 있어도 별로 불안하지는 않다. 급하게 가려다가 잘못되어서 바로 잡는데 걸리는 시간이 처음부터 정석대로 차분히 해나가며 도달하는 시간보다 오래 걸린다. 다른 사람들은 미루는 습관 없이 바로 실행하는 사람도 있다고 들었다. 하지만 여전히 나는 차분하고 계획을 세워 행동하는 게 마음이 편하다. 내 스타일대로 해보기로 했다. 이 책을 기획할 때 어떻게 하면 자기를 발견할 수 있는지 고민 했다. 그렇게 정리하는 방식을 곰곰이 생각했고 생각하기를 끝냈으면 빨리 행동으로 연결시키는 방법까지 찾아냈다. 불안해서 움직이는 성급한 행동이 아니라 제대로 적절하게 해야 할 일을 하는 행동. 그렇게 행동하는 게 고민할 때보다 덜 불안하다. 실제 상황은 고민할 때보다 훨씬 단순하게 돌아간다. 고민이 적으면 자연스럽게 불안함도 줄어든다. 오늘 불안함이 내일 긴장감이 되도록 했다. 그렇게 나는 불안함을 넘어 갔고 심리적인 안정을 찾았다.

| 요약 |

1. 불안함은 열심히 사회생활을 하는 이들에게 따라다니는 자연스러운 현실이다.

2. 고민도 체계적으로 하면 풀릴 가능성이 생긴다.

3. 미래를 불안해할 시간에 하나라도 더 내 걸 챙겨 안정감으로 바꾼다.

불안함, 30대의
잘못이 아니다

#서른#불안#현재

불안함 다루기

서른 살이 되면 뭔가 돼있을 줄 알았다. 막상 그 나이가 되어보니 위태롭기는 마찬가지고 변한 게 없었다. 이대로 살자니 그 동안 살아온 게 속은 거 같은 기분도 들고 아무튼 심란한 나이가 30대다. 그마저도 40대, 50대 그리고 노년기가 되어도 계속 불안함을 가지고 산다고 하는데 앞으로가 더 큰일이다.

고민하는 문제가 해결된다고 불안함이 없어지는 건 아니다. 20대에도 불안했고, 30대에도 불안하며, 40대에도, 50대도 불안함을 가지고 살고 있다. 50대는 은퇴 이후 삶에 대한 고민으로 불안하다면, 20대는 가 보지 않은 길에 대한 막막함으로 인한 불안함이다. 차원이 다른 문제지 어느 세대라고 해서 불안함이 없어지지 않는다. 살면서 잘 달래면서 가야하지, 이번 문제만 해결 되면 이 불안함도 말끔히 사라질 거라 믿는 건 무리다.

일본 하쿠호도 생활종합연구소에서 조사하고 출간한 '거대시장 시니어의 탄생'에는 노년층의 고민에 대해 기술하고 있다. 시니어는 단계가 올라갈 때마다 인생의 남은 시간을 강하게 의식한다. (이 연구를 한 기관에서 시니어의 관심사를 구조화해 세상 일반, 인간관계, 신체 변화, 질병 공포, 인생 총괄 총 다섯 가지 단계로 나눴다.) 그러나 건강하고 폭넓은 인간관계를 가졌다면 대체로 이 같은 부분을 느끼지 않고 지낼 수 있다고 말한다. 남은 시간을 의식할 때야말로 인생을 즐길 수 있으며 불안과 즐거움 사이를 왔다 갔다 하는 것이 시니어 심리라고 전한다. (출처 : '거대시장 시니어의 탄생'. 하쿠호도생활종합연구소. 2009. p. 64~66)

20대 젊은 때에는 앞으로 무슨 일을 하며 살아갈지에 대한 불안함, 노년기에는 인생에 있어 남은 시간에 대한 불안함을 느낀다니 불안함은 정말 없어지지 않는 거 같다. 종류가 달라질 뿐이지 시간이 지난다고 해서 불안함이 없어지는 것은 아니다. 어떻게 다뤄야 할지 방안을 잘 만들어보는 게 낫다.

나 혼자만의 어려움이 아니다.

방법이 쉽진 않다. 친구를 만나도 잘 되는 얘기보다는 안 되는 얘기를 더 많이 털어놓고, 인터넷을 봐도 힘들게 산다다는 사람이 너무 많다. 그런 얘기를 듣고 보다보면 '나만 힘든 게 아니었구나'라는 위안을 얻기보다 '이게 내 문제만이 아니네. 사회 전체적으로 다 이렇구나……'라는 생각마저 든다. 친구는 원래 힘든 일 있을 때 내 얘기 들어달라고 만나게 마련이고, 각종 매체는 매체니까 특이한 걸 다루는 게 아닐까. 설령 그런 게 아니더라도 주관을 가져야지 남 얘기에 휘청거릴 필요는 없다.

뉴시스 2018년 1월 7일자 기사 '가장 비관적인 세대, 30대…… 집단우울증이 의심되는 수준'이라는 기사가 실렸다. 기사에서 서울대 심리학과 곽금주 교수는 이렇게 말한다. '계절이 바뀌는 환절기에 감기 등 반응 증세가 나타나듯 발달심리학적으로 시기가 바뀔 때도 마찬가지이다. 청년기 진입 시기에 사춘기를 겪듯 성인 초기시절에도 나름의 진통을 겪는데 우리나라는 대학입학 연령 및 군대 등으로 인해 그 시기가 30대로 설정돼 왔다. 최근에는 취업 준비 기간이 길어지면서 과거에 비해 성년기 진입 나이가 상승했다. 나이 문화가 존재하는 한국 사회에 있다 보니 30대에 초조함, 불안함 등의 인식이 더해지는 것 같다. (출처 : '가장 비관적인 세대, 30대... 집단우울증이 의심되는 수준'. 안채원 기자. 뉴시스. 2018. 01. 07. http://www.newsis.com/view/?id=NISX20171228_0000189547)

30대의 불안함이 사회적으로 문제가 될 수 있는 수준이라고 하니 그나마 위안이 된다. 무책임한 감정 표현이 아니라 인간적이고 합리적인 선에서 나 때문만은 아니라는 생각을 가져도 될 것 같다. 90년대에 중고등학생 시절을 보내며 치열하게 공부했고 2000년대에 학부제와 지옥 같은 취업 경쟁을 뚫고 살아온 세대가 30대라는 건 우리나라가 다 안다. 지금까지 잘 했으니 앞으로도 잘 살기 위해 잘 해

서른 살, 비전 찾기

내기 위해 어깨 힘 빼고 조금만 편안하게 생각하자.

사회생활도, 미래에 대한 걱정도 친구나 매체 영향을 받을 거라 생각한다. 친구 얘기를 안 들을 수도 없고 인터넷을 안 볼 수도 없다. 나부터 자기 생각을 바르게 세우는 게 최우선이다.

'오늘이 있어야 내일도 있다 먼 미래까지 걱정하지 않고 오늘을 충실히 살겠다.'

'지금보다 6개월 후에 더 나아져 있으면 된다.'

'지금 하는 일이 가장 중요하고 생각나는 걸 곧바로 실행하겠다.'

너무 큰 걸 생각하며 불안해하지 말고 지금 해야 할 것부터 하나씩 실천하는 게 낫다. 부자들에게도 나에게도 똑같이 주어진 건 시간이다. 지나고 나서 생각해보니 남들은 열심히 살았던 시간에 나 혼자서 불안했던 게 제일 아까웠다. 물론 그들도 나름의 고민은 있었겠지만, 이기적으로 생각하면 그건 나에게 중요하지 않다. 당장 내가 급하니까 말이다.

학교 다닐 때 공부도 하라는 대로 열심히 했고, 졸업 앞두고 최선을 다 해서 취업도 했는데 어찌 된 건지 지금 내 삶은 행복하지가 않다!

일도 안 풀리는 거 같고, 결혼도 힘들고, 사는 게 단조롭고 나만 안되는 거 같지만 사실 나만 힘든 것도 아니고 나 때문도 아니다. 이게 딱 30대 초반에 드는 생각이다. 나도 그랬고 연구 결과나 기사에서도 보여준다. 앞으로 뭘 해야 될지 막막하다. 20대 때 치열하게 경쟁하며 취업 할 때 들었던 미래가 불안하다는 생각이 취업을 한 지금에 또 다시 반복된다. 더 낫게 살아야 할 거 같은데 어떻게 해야 할지 모르겠다.

나만 그런 건 아니다. 아니라고들 말한다. 언제나 그렇듯 내 불안함이 제일 큰 거 같다. 운동하고 친구 만나서 스트레스 푸는 걸로 해결이 잘 안 될 일이다. 보다 현실적인 것을 찾아서 나를 발견해야 풀릴 수 있다. 시간이 지나도 종류가 달라질 뿐 없어지지 않는 게 불안함이라면 지금 내 삶을 잘 설계해서 하나씩 실행하는 걸로 방향을 바꾸는 게 더 생산적인 고민일 수 있다. 지금 이 순간과 오늘이 제일 중요하다. 일단 오늘 드는 근심걱정과 불안함부터 가라앉히길 바란다.

| 요약 |

1. 세대마다 느끼는 바는 달라도 불안한 심리가 있는 건 마찬가지다.

2. 사람은 어느 정도 불안한 심리를 가지고 있다는 걸 이해한다.

3. 너무 먼 미래를 걱정하기보다 지금 현재에 충실 한다.

서른 살, 비전 찾기

3장

—

비전 찾기, Writing으로
정리하라 (Writing)

내가 세상을 보는 눈에서
세상이 나를 보는 눈으로

#인정#대가#비용

세상이 나를 평가하는 가치 있는 요인

무엇을 하고 싶은지 고민할 때 잘 판단해야 한다. '내가 해봤더니 잘 되더라'라는 말처럼 무서운 말이 없다. 반박하기도 뭐하고 마냥 따라하자니 마음이 영 편치 않다. '뭘 어쩌라는 건지⋯⋯'라는 의문이 들게 하는 말일 뿐이다. 가능성 있는 방법이 내가 가진 자질이 세상에서 원하는 일인지 관점을 맞춰보는 일이다. 나와 세상의 관점을 일치시켜본다는 면에서 일종에 세상과의 인터뷰와도 같다.

세종대왕은 재임 동안 역사에 길이 남을 과학적 성과를 이뤘다. 세종대왕의 그러한 공 뒤에는 장영실이 있었다. 장영실은 아버지가 중국에서 귀화한 사람이고 어머니가 기녀인 천한 신분이었다. 하지만 워낙 손재주가 뛰어나고 머리가 좋아 어렸을 때 태종의 추천을 받아 대궐에 들어와 허드렛일을 도왔다. 그의 실력을 알아본 세종은 여러

서른 살, 비전 찾기

신하들의 반대에도 불구하고 장영실을 종6품 벼슬로 궁정 기술과학자로서 지위를 보장해주었다. 천재적인 자질을 인정받은 장영실은 왕과 두터운 신임이 생겼다. 이후 중국에서 첨단 과학 기술과 참고 자료를 수집하여 우리나라의 창조적인 아이디어를 실현하는 계기를 만들었다. 장영실은 많은 독창적 정밀기계장치를 조화시켜 개발한 자격루와 옥루를 완성시키는 역사적 성과를 만들어냈다. (CEO 세종대왕 인간 경영 리더십. 2004. 최기억. p.184 ~ 186)

나의 어떤 점을 내놓았을 때 세상은 나에게 가치 있다고 평가할지 그 요인을 알아야 한다. 돈의 가치를 넘어서 인정을 받는 상태여야 심리적으로 안정된 상태로 활동 할 수 있다. 아무리 일을 잘 해가도 매번 부족한 부분만 정확하게 잡아내는 상사가 있다면 실력 향상에는 도움 되겠지만 심적으로는 매우 힘들고 복잡하다. 이런 건 어린 아이의 재롱부터 성인의 사회 활동까지 일생에 거쳐 나타나는 것 같다. 사람은 사회에 나가서 쓸모 있는 어떤 일을 해야겠다고 생각한다. 나를 세상에 내놓고 인정받기를 원한다면 인정받을만한 능력을 갖추는 게 우선이고, 그 능력을 객관적으로 볼 줄 알아야 한다.

'멋지게 훌륭하게 사는 법'의 저자 마이클 헤펠은 평범한 인생을 멋진 인생으로 바꿔주는 인생설계자로 활동한다. 그는 인생에서 훌륭해지고 싶은 부분에 몰입하라고 말한다. '일을 잘 하는 것만으로는 부족하다. 일을 훌륭하게 해야 합당한 대가를 받을 수 있다. 다음 단계로 오르기 위해 노력해야 하고 지금 인생에서 훌륭해지고 싶은 부

분에 몰입해야 한다' (출처 : 멋지게 훌륭하게 사는 법. 마이클 헤펠. 2015. p. 125)

　실력이 있고 그 실력을 갖춘 사람이라고 알려져 있으면 누군가 같이 일하자고 제안 해오기도 하고 계속 일을 맡기기도 한다. 가치를 만들어낼 수 있다면 어떻게든 그 사람을 활용하려고 한다. 내 중심으로 할 수 있는 일과 그렇지 못한 일을 찾기보다 세상이 그 실력에 대해 어떻게 생각하는지 관점을 달리 봐야 한다.

자신의 가치를 높이는 일이 우선이다

　사람은 자기애가 있기 때문에 바깥에서 나를 보는 관점으로 자신을 보기가 참 어렵다. 나 자신보다 사회에서 필요로 하는 일인지 객관적으로 봐야 한다는 건데, 어지간한 트레이닝으로 이 전환이 빨리 되는 게 쉽지 않다. 전직을 고민할 때 내가 하고 싶으니까 공방이나 카페처럼 해 본적이 없는데 다른 사람들은 하고 있는 쪽에 관심을 두었다. 어떻게 해야 할까 단순하게 생각을 하려고 해도 구상이 잘 안되는 게 경험도 없고 또 아직까지는 나에게 그걸 할 만한 내공도 없다는 생각이 들었다. 설령 무리해서 시작했다고 해도 사회에서 가치 있다고 평가하기엔 한참 부족했다. 이렇게 '내가 뭐 해야할지'를 고민할 때 기준을 내가 갖고 있는 생각에만 둔다면 남들 하는 걸 쫓아가기 급급하다. 깊게 들여다보지 않고 겉면만 보는 사람에게 세상은 그만한 대가를 지불하지 않는다.

　고영성, 신영준 저자의 '일취월장'이라는 저서에 보면 비즈니스 현장에서 일어나는 상대방 중심 사고의 중요성에 대해 이렇게 말한

서른 살, 비전 찾기

다. '제품과 서비스를 기획하고 만든 당사자들과 고객은 완전히 입장이 다른데 그것을 제대로 이해하지 못한다. 내가 괜찮고 좋으니 고객도 괜찮고 좋을 것이라는 공급자 중심의 사고방식에 빠지게 된다. 소비자는 관련 내용과 장점에 대해 잘 모르기 때문에 공급자의 생각과 판이한 반응을 보일 수 있는데도 그렇다.' (출처 : '일취월장'. 고영성, 신영준, 2017. p.143)

우리도 잘 모르는 사이에 세상에는 아주 많은 제품들이 나왔다 소리 소문 없이 들어간다. 화장품도, 라면도, 신발도, 노래도, 어플도, 책도…… 어느 산업 분야든 그렇지 않은 게 없다. 사람도 마찬가지다. 세상이 원하는 문맥을 제대로 짚지 못하면 시장에서 사라지는 상품들처럼 잘못하면 우리도 사라질 수 있다.

내가 하나의 상품이다. 나를 상품으로 내놓았을 때 얼마에 팔릴지, 어디에서 팔릴지, 팔릴지 아닐지를 면밀하게 살펴봐야 한다. 광고회사 오길비의 부회장 로리 서덜랜드가 TED 강연을 하며 보여주었던 재미있는 동영상이 있다. 네모난 시리얼을 45도 각도로 돌려놓고 다이아몬드형 시리얼이 새로 나왔다고 광고하는 웃긴 영상이다. (출처: '광고쟁이의 인생 교훈'. TED. 로리 서덜랜드) 신제품 출시를 앞두고 테스트를 하는 FGI에서 같은 과자를 내놓고 새로운 제품이니 먹어보라고 말하는 회사 관계자를 보며 어리둥절해 하는 모습이 무척 재미있다. 웃기려고 보여준 것이지 대부분 이렇게 홍보를 하지는 않는다. 중요한 건 내재된 자질과 재능을 세상에 내놓아야지 겉모습을 살짝 바꾸어 보여주면 사람들은 금세 알아차린다는 점이다.

세상은 내가 가진 가치 있는 것에 비용을 지불한다. 그렇기 때문에 잘 할 수 있는 걸 해야 한다. 잘 하는 것만 하면서 살아도 부족한 시간에 못 하는 것까지 극복하려면 얼마나 힘들겠는가. 시간도 시간이거니와 심적으로도 피폐해진다.

지금부터라도 내가 하고 있는 일이 잘 하고 있는 건지, 더 찾아볼 여지가 남아 있는지 꼼꼼히 살펴본다. 세상이 나를 볼 때 힘겹게 억지로 뭔가를 하고 있다고 보이면 가치를 지불하지 않는다. 지금 지불을 받고 있더라도 일시적일 것이다. 원치 않게 그 일을 못하게 된다거나, 애써도 애쓴 만큼 성과가 나오지 않는다거나 살면서 언젠가는 대가를 치르게 될지도 모를 일이다. 지금 생각해도 남들보다 먼저 고민하는 것이니 한 번쯤 생각해보길 바란다. 내가 잘 하는 일을 더 계발하면서 산다는 게 정말 멋진 일이지 않은가. 그게 새로운 일을 시작하는 것일 수도, 지금 하고 있는 일을 계속하는 것일 수도 있다. 하고 싶은 일을 알아간다는 건 살면서 큰 축복이다.

| **요약** |

1. 내가 가진 재능을 찾아낼 줄 알아야 한다.
2. 과거 경험, 현재 상황 등 모든 통찰력을 동원해서 세상으로부터 인정받을만한 자질인지 평가해야 한다.
3. 억지로 해왔던 일이 있다면 재능을 발휘할 수 있는 일로 서서히 전환시킨다.

서른 살, 비전 찾기

장점과 단점, 좋아하는 것과 싫어하는 것, 하고 싶은 것과 하고 싶지 않은 것

#일상#인식#기록

진짜 잘 하는 일 찾는 첫 단추

잘 하는 것과 못 하는 것, 할 수 있는 것과 할 수 없는 일 등을 적어보자. 뭘 해야 할지 모를 때 방향 잡는데 도움이 된다. 진짜 잘 하는 일은 무엇이고 잘 해서 계속 했는지 하다보니까 잘 했는지, 못하는 건 못해서 안한 건지, 안 해봐서 모르는 건지 등을 정리해볼 필요가 있다.

과학 칼럼니스트 데이비드 디살보가 인지과학을 연구하여 출간한 저서 '나는 결심하지만 뇌는 비웃는다'에는 '선택성 편향'이라는 용어가 나온다. '주변의 다양한 요소 중 특정 부분에서 얻은 정보에만 집중해 그것만 처리하고 나머지는 전부 차단해버리는 성향을 가리킨다.'

이를 잘 보여주는 예시로 시청각장애인학교 기숙사 생활을 돌보는 청소년 프로그램 전문가 미트 필이라는 사람의 이야기를 다룬다. 필은 처음 부임했을 때 밤마다 기숙사를 돌며 이곳 학생들은 불을 켜고 자는 경우가 자주 있는 것을 알게 된다. 시각장애 학생들은 불이 켜져 있으나 꺼져 있으나 차이가 없기 때문이다. 층마다 돌며 방을 확인해 본 필은 모든 학생들 방에 불이 켜져 있자, '밤에 학생이 있는 방에는 불이 켜져 있다'라고 생각을 한다. 이후 순찰을 하던 중 불 꺼진 방을 발견하고서 어두운 방에 들어가 학생 이름을 불렀다. 몇 번을 불러도 답이 없자 황급히 행정실로 달려가 보고를 하고 온 학교를 샅샅이 뒤졌다. 하지만 아이는 없었고 수색을 도시 전체로 넓혔다.

그러던 중 필은 갑자기 어떤 생각이 들었고 급하게 불 꺼진 학생의 방으로 뛰어갔다. 그리고는 방에 불을 켜고 보자 아이가 이어폰을 끼고 침대 위에 편안히 누워있는 것을 발견했다. 필은 기숙사에 전부 불이 켜져 있을 때 아주 짧은 시간 동안 '맞는지 틀린지'를 효과적으로 판단했다. 이 사실이 너무 쉽다보니 순찰을 도는 속도가 빨라졌다. 그러자 이 패턴에서 벗어난 방을 발견했을 때 판단하는 속도를 늦출 수 없었다. 그 결과 무엇이 맞는지를 제대로 인지하지 못했다. (출처 : '나는 결심하지만 뇌는 비웃는다' 데이비드 디살보, p. 37~41)

우리는 종종 계속 하고 있는 무언가가 있다면 객관적으로 잘 생각하지 못하는 경우가 있다. 예를 들면 우연히 선배로부터 얻은 자료를 가지고 형식이나 흐름을 선배가 했던 것과 동일하게 해서 내용만 바꾸어 보고를 했다. 잘 했다는 말을 들었고 이후에도 몇 번 그런 방식

서른 살, 비전 찾기

으로 자료 준비를 했다. 그러던 중 선배가 퇴사 했고 참고할 자료를 얻지 못하게 되자 이전과 같은 결과물을 혼자서 만들기 어려워졌다.

처음에 잘 했다는 피드백을 들었을 때 그게 진짜 내가 한 건지 선배가 한 것에서 내용만 지우고 채워 넣은 것인지 판단하지 않았다. 그렇기 때문에 자신이 잘 한다고 잘못 생각했고 진짜 실력은 나중에야 확인하게 되었다.

뇌는 가만히 두면 일어나고 있는 현상대로만 파악한다. 상황이 달라지면 빠른 시간에 더 확장된 사고를 하지 못한다는 걸 위 내용에서 알았다. 몇 번 잘 했던 일이 진짜 잘 하는 것인지 아닌지 확정 짓기 어렵다. 못하는 일이 진짜 못하는 건지 단정하기 어렵다.

정말 자신이 하고 싶은 일을 찾으려면 진지하게 생각해서 정리 해봐야 한다.

미국 교육심리학자이자 경영 컨설턴트인 마커스 버킹엄은 재능과 강점에 관해 200만 명 이상을 인터뷰했다. 저서 '강점 혁명'에서 사람이 잘 하고 못하는 것을 구분해야 하는 이유에 대해 사례를 소개한다. 그 중 법률가로 성공한 린다라는 여성 이야기는 이렇다.

린다는 대학교 시절 법률에 관심이 많은 남자를 만났는데 그 남학생에게 호감이 생겼다. 당시 그녀 자신은 법에 관심이 별로 없었지만 남학생에게 호감이 가니까 그가 하고 있던 기사 교정이라던지 판례 체크 등의 일을 함께 해주었다. 그러던 중 남학생이 불의의 사고로 사망 했다. 이후 린다는 남자가 사망하기 전 해놓았던 일들을 수습하기 시작하는데 이후 그녀는 법률 분야에서 두각을 나타내기 시작한다. 법과대학원에 진학하고, 로펌 최고 경영자가 되었으며 뉴욕 증권거래소 자문위원회 의장이 되는 등 뛰어난 성과를 이룬다.

그녀가 인생의 전환점에서 내린 결단과 성과를 잘 들여다보면 죽은 친구를 기리기 위한 것만으로 해석하기는 어렵다. 자신도 몰랐던 내면의 움직임이 있었다.

'자기 안에서 들리는 소리에 귀를 기울이고, 무엇이 자신을 강하게 잡아당기는지 알아보라. 만일 무엇에도 마음이 움직이지 않는다면, 학교나 직장 생활 처음 몇 년 동안 다양한 경험을 해보고 그 중에서 범위를 좁혀야 한다. (출처 : '위대한 나의 발견 강점 혁명'. 마커스 버킹엄. 2005. p.231~233)

일상 속 소소한 반응을 기록한다

잘 하는 것과 못하는 것, 좋아하는 것 싫어하는 것 등을 정리하려면 매일 일어나는 일과들에서 어떤 반응을 보였는지 기록해두면 도움이 된다. 공휴일이 줄어든다는 기사를 보고 일을 더 많이 해야겠다고 생각했는지, 휴가 계획을 잘 세워야겠다고 생각했는지, 휴일이 줄어서 아쉽고 비통했는지 그 때마다 일어나는 반응들을 잘 적어두면 좋다. 생각만 하면 같은 생각이 빙빙 돌기만 하고 또 시간이 가면 잊어버리므로 기록해 두는 습관이 필요하다.

pros	cons
분석하는 일, 체계화 시키는 것 등	예술적인 일, 즉흥적인 일, 감각적인 일

좋아하는 것	싫어하는 것
정리, 글로 표현하기, 노래하기 등	반복적인 일, 단순한 일, 비생산적인 일

하고 싶은 것	하고 싶지 않은 것
코칭, 강의, 상담, 컨설팅, 글쓰기 등	기계를 다루는 일, 고장난 걸 고치는 일

이런 표에다 그 날 있었던 일을 바로 기록해두고 데이터화 하여 수시로 보기를 권한다.

한두 번 봉사활동을 했다고 해서 봉사정신이 투철한 사람이라고 말하기 어렵듯이, 작성해보면 반복되는 패턴을 읽을 수 있다. 내 경우는 노래하고 움직이는 등 예술 감각으로 표현하는 일을 좋아했지만 잘 하지는 못했다. 안 해본 게 아니고 디자인과 무용도 배워봤다. 그 결과 재미는 있었지만 동시에 한계도 느꼈다. 이런 일은 과감히 취미생활로 남겨두고 일은 내가 잘 할 수 있는 분석적이고 말이나 글로 표현하는 일을 선택했다. 당연한 말인 거 같지만 기질은 커버하는 것이지 극복하는 게 아니라고 했다. 여러 상황을 접하다보면 이게 정말 맞는 말이라고 느껴질 때가 분명히 생긴다.

예전에 출장을 다녀오면서 그 날 출장지에서 현지 직원들과 회식을 한 뒤 KTX를 탄 적이 있다. 그 때 같이 출장에 갔던 상사가 술을 많이 마시긴 했는데, 정말 취한 것인지 취한 척 했는지는 모르겠다. 옆에 앉아서 취기가 한참 올라온 듯 "너가 잘 하는 거 다섯 가지만 대봐."라고 했다. 한 가지를 말할 때마다 또, 또, 또 뭐 라는 말을 반복하며 묻는데 얼른 생각이 나지 않았다. 상황이 썩 유쾌하지는 않았지만 한 편으로는 '내가 이렇게 나에 대해서 생각을 안 해봤나?' 싶기도 했다.

앞에서도 말했지만 알고 있다고 착각하는 것과 확실히 인지하고 있는지 다르다. 제대로 정리해보고 누가 물어봐도 설명할 수 있게 기록 해두는 게 필요하다. 그러면 "그 일 왜 지금은 안 해? 잘 하는 거 같더니?" 혹은 "그건 해보니까 어때?"와 같은 주변의 소소한 물음에 흔들림 없이 답할 수 있을 것이다.

|**요약**|

1. 잘 할 수 있는 일을 찾을 때는 체계적인 자료가 필요하다.

2. 자료는 일상 속에서 일어나는 일에 대한 반응, 생각, 인식 등의 모음이다.

3. 시간이 지나 잊기 전에 기록해 두는 습관을 들인다.

서른 살, 비전 찾기

나는 무엇을
하고 싶은가?

#하고싶은일#강한의지

하고 싶은 일 할 때 알아야 할 것들

자신이 하고 싶은 일이 무엇보다 우선해야 한다. 우리나라 청년들은 하고 싶은 일을 못하고 사는 경우가 꽤 많다. 지금껏 다른 사람의 잣대로 할 일을 판단해왔으니까 이제는 진짜 해도 되는 건지 안 되는 건지 각자 생각해보는 시간을 가져보자.

사람들에게 하고 싶은 일을 물어보면 카페 주인, 작가, 공방 창업, 공인중개사 등 다양하게 답한다. 들어보면 일시적으로 유행하는 직업들을 말하는 경우도 많다. '네잎 클로버 농부'로 불리는 홍인헌씨는 네잎클로버를 대량 재배해서 스타벅스에 하루 2만 장씩 납품한다. 농사라는 업에 네잎클로버 대량 생산이라는 발상의 전환까지 오로지 자신의 계획과 생각으로 실행했지 다른 사람의 기준으로 판단하지 않았을 것이다. 처음 네잎클로버를 재배하겠다고 말했을 때 그

거 되겠냐는 반응을 주변에서 보였을 만도 한데 꿋꿋이 진행해서 성공한 모습이 멋있어 보였다.

하고 싶은 일을 하며 정상에 선 사람은 단기간에 이루어지지 않았다. 시도하기 전에 고민한 것들, 생활할 수 있을 만큼 돈이 벌리지 않으면 어떻게 해야 하는지, 일이 없을 때는 어떻고, 길게만 느껴지는 무명 시절, 혼자 일하기 때문에 파악하기 힘든 경쟁 상황 등을 모두 견디고 치열하게 노력한 사람. 그리고 사람의 중요함과 가치를 아는 사람. 잠시 만나는 인연도 소중하게 여긴 결과물이다. 겸손하고 낮출 줄 아는 인성도 갖추고 있다.

조직에 소속해서 일할 때도 그 조직 또한 누군가 만든 것이며 그걸 만든 사람 또한 하고자 하는 일이 있었을 것이다. 나라고 해서 못할 것도 없는데 그런 관점으로 보면 하고 싶은 일을 하는 것도 괜찮을 일이다. 그럼 어떤 생각으로 해야 할까?

강한 의지는 스스로 만든다

칭찬을 받아야 앞으로 나아가는 사람은 하기 힘들다. 하고 싶어서 일을 하는데 칭찬이라니. 잘 해도 칭찬하는 사람 없고 못 해도 야단치는 사람 없다. '상사와 최고로 사이좋은 나 만들기' 저자 존 후버 박사는 조직 리더십 컨설턴트다. 그는 저서에서 푸른 초원만 찾아 헤매는 사람들 중에는 현실에 실망하여 침묵 속에서 생활하다 일을 그만두는 경우가 적지 않다고 말한다. 스스로 그런 결과를 원치 않더라도 결국엔 시스템에 밀려 남들보다 뒤처지고 만다고 전한다. (출처 : 상

사와 최고로 사이좋은 나 만들기. 존 후버. 2009. p. 213)

　칭찬 받아야 의욕이 생기는 사람은 하고 싶은 일을 하겠다는 절박함이 정말 있긴 한 건지 되돌아봐야 한다. 직장에 있을 때 후배가 기획 업무를 가르쳐 달라고 했던 적이 있다. 일을 해보라고 몇 가지 맡겼는데 사소해 보였는지 대충 때우고 안 하려고 했다. 그 모습을 보고 몇 마디 했더니 잘 한다고 해야 더 잘 할 텐데 별 거 아닌 일을 가지고 못한다는 말을 한다며 아예 하지 않으려고 했다. 그걸 보고 나뿐만 아니라 다른 사람들도 혀를 내둘렀다. 하고 싶은 일을 하면서 살면 이런 일은 안 생긴다. 대신 일을 못하면 그 다음에 일이 들어오지 않는다. 야단치는 사람은 없지만 결과가 냉정하다.

　마윈은 알리바바를 성공시키며 수많은 어려움을 겪으면서도 이렇게 말했다. "하고자 하는 마음이 있으면 어려운 일은 없다."(출처 : 이것이 마윈의 알리바바다! 2014. 둥즈쉬안. p.63) 어떤 일을 할까 결정할 때 첫 번째 기준은 내가 진정으로 하고 싶은 일인가에 대한 긍정적인 답이 돼야 한다.

　하늘은 맑은데 미세먼지가 심하다고 한다. 해가 쨍쨍하면 미세먼지가 나쁨 수준이거나 공기가 깨끗하면 비가 온다고 예보한다. 하루는 날씨가 좋고 하루는 비가 오는 패턴이 잦아진 거 같다. 하고 싶은 일을 하는 세상은 눈에 보이는 것과 많이 다르게 돌아간다. 꿈을 찾아 시작했지만 이게 아니었나 싶을 때가 천 번도 넘을 거다. 1인 기업, 프리랜서가 되는 법에 대한 책과 기사는 넘쳐난다. 시간에서 자유롭다, 가치로 인정받는다, 취미 생활도 업이 될 수 있다 등 좋은 말은 얼마든지 찾아볼 수 있다. 그것도 맞는 말이다. 지금 나는 직장에 다닐 때 누리지 못한 자유를 경험하고 있다. 좋은 것도 좋지만 이미 다 알려진 것 보다는 현실적인 걸 말해드리고 싶었다. 하고 싶은 일을 떠올려보면 한 두 가지쯤 말 못할 것도 없다. 하고 싶은 걸 찾아내는 솔루션은 이미 마음속에 품고 있다. 생각은 있지만 아마도 실행에 옮기는 게 어려웠을 테다. 또 하나는 해도 되는지 안 되는지가 궁금했을 것이다.

① 어렸을 때 하고 싶었던 건 무엇이었는지
② 지금 하고 싶은 일은 무엇인지
③ 여가 시간에는 어떤 걸 하면서 보내는지
④ 무슨 일을 할 때 가장 흥미를 느끼는지
⑤ 다른 사람이 나에게 잘 한다고 말하는 건 무엇인지
⑥ 나 스스로 잘 한다고 생각하는 일은 무엇인지

차분하게 종이에 써보고 정리해보는 시간이 필요하다.

인도의 철학자 지두 크리슈나무르티가 남긴 명언 중에 공감 가는 말이 있다. '자유는 스스로의 한계를 앎을 말한다.' (출처 : '크리슈나무르티의 잊을 수 없는 명언'. 원더풀 마인드. 2017. 07. 02 https://wonderfulmind.co.kr/unforgettable-words-krishnamurti/)

스스로 만들어 해야 하는 일이 있고 외부에서 들어오는 일이 있다.

서른 살, 비전 찾기

일상적으로 처리해야 할 일이 있고 맡겨지는 일도 동시에 하려면 잠을 줄여가면서 해야 한다. 주어진 시간 안에 책임감 있게 할 수 있을 정도로 숙달되고 철저한 시간 싸움을 해야 한다. 혼자서 견뎌야 할 굴곡, 일이 있을 때나 없을 때나, 나를 찾는 사람이 있거나 없거나 흔들림 없이 꾸준히 할 수 있어야 한다. 지치고 슬럼프가 오면 스스로 극복할 수 있는지 이끌어주는 동력이 없어도 알아서 할 수 있는지 생각해봐야 한다. 흔히 말하는 자기와의 싸움을 말한다. 이게 먼저 확신이 들고 돈을 벌고 못 버는지는 그 다음에 생각하는 게 낫다. 아무리 중요한 요인이라고 해도 돈 문제부터 생각하면 답이 안 나온다.

정말 현실적으로 말해드리면 당연히 지금보다 힘들어지겠지 라고 생각하는 편이 마음이 편안해진다. 나중에 지난 날 함께 일했던 동료가 어떻게 지내고 있냐고 물으면 뭐라고 할 것인가. 자리가 잡혔든 잡아가고 있는 중이든 그렇지 않던 크게 고민하지 말고 한 마디만 말하면 된다. '행복하게 지내고 있어.' '행복'이라는 단어가 가장 잘 살고 있다는 말로 들릴 테니까. 하고 싶은 일을 한다는 건 한 번 시도하기가 힘들지 못하거나 어려운 건 아니다. 이런 요인들을 견딜만한 내적인 힘을 채우고서 멋지게 마음껏 펼치고 살면 된다.

| 요약 |

1. 하고 싶은 일이 우선이다.
2. 통제 없는 자유를 누리고자 할 때는 철저한 자기 관리가 필요하다.
3. 자기와의 싸움에서 이겨야 다음 단계로 갈 수 있다.

얼마나 많은 사람이
나를 지지하는가?

#격려#응원#지지

관심으로 한 단계 더 클 수 있다

아무도 관심 없는 것보다 과하더라도 관심을 받는 게 낫다. 내부에 있는 심리적 지지일수도 주변사람들에게 받는 크고 작은 관심일수도 있다. 행사, 강연 등을 할 때 사람 모으는 것, 사업을 할 때 고객 확보하는 것, 하고자 하는 일을 할 때 나를 지지해줄 사람이 있는 것. 사람이 있어야 한다는 면에서 이게 다 한 방향으로 통하는 얘기다. 그만큼 사람 모집, 여기서 말하는 '지지자'를 모으는 일이 힘들고 중요하다. 지금 내가 무슨 일을 하려고 하는데 얼마나 지지를 얻을 수 있는가? 내가 좋은 아이디어와 콘텐츠를 가지고 있으니 이걸 소개하는 자리에 올 의향이 있는지 물었을 때 얼마나 사람을 끌어들일 수 있는가?

소신과 추진력 있는 의지

마흐무드 가눔 박사는 가족들과 여름휴가를 떠난 영국에서 조국 쿠웨이트가 침공 당했다는 소식을 듣는다. 쿠웨이트에서 미생물학 박사 정교수로 승진했고 아내는 공공사업부 수석 기사 보좌관이었다. 그러나 그들은 휴가를 마치고 돌아갈 곳이 없었다. 노력 끝에 마흐무드는 미국에서 자리를 잡았다. 그는 현재 클리블랜드 대학병원 진균센터 소장으로 활동하고 있다. 그의 비전은 그 센터를 균류 연구에 있어 최고의 센터로 발전시키는 것이다. 그의 동료들은 그러한 미래에 대해 그의 열정과 흥분을 공유하고 있다. 같은 분야에서 일하고 있는 동료들, 연구소 사람들, 그리고 기부자들과 조화로운 관계를 확립하는 그의 능력 때문에 연구센터의 잠재력은 많은 관심을 받고 있다. (공감 리더십. 2007. 리처드 보이애치스. 애니 맥키. p.257,260)

마흐무드 박사는 특유의 친화적이고 좋은 관계를 형성하는 능력이 있었다. 더불어 어려운 상황 속에서도 노력하고 스스로 상황을 반전시키기 위해 추진력을 발휘했다. 이러한 점들로 먼 타국에서도 주변 사람들에게 지지를 받았을 것이다. 그러한 지지 속에서 그의 꿈은 더 가까워져 가리라고 믿는다.

살면서 한 두 번 쯤 경험이 있겠지만 내가 뭔가 하고자 하는데 별로 관심 갖는 사람이 없다면 괜히 소심해지고 위축되고 남에게 보여주기가 어렵게 되기도 한다. 예전에 한 지인에게 하고 싶은 일을 찾아서 할 수 있게 돼야 한다는 말을 한 적이 있다. 그 사람은 그 얘기를 듣고 '월등한 실력을 가진 사람만이 살아남는 예체능 분야에 모든 걸 걸진 않겠어'라고 답했다. 내가 '예체능'이라는 단어를 전혀 쓰지 않았는데 '하고 싶은 일 = 예체능'이라는 선입견을 가지고 있었다. 무슨 공식도 아니고, 하고 싶은 일이라는 말이 나오자마자 예체능을 떠올렸는지 그 사람이 어떻게 살아왔는지와 굳이 연결시키고 싶지 않았다. 아마 어렸을 때 예술 쪽으로 뭔가 하고 싶다고 하면 반대하는 어른들이 계셨는지도 모를 일이다.

이런 식으로 내가 하고자 하는 일에 누군가 지지해주는 이가 없다면 업을 찾는 중에 선입견이나 어려움이 생길 수 있다. '지지자들'을 만들 수 있는지 주변을 잘 돌아볼 필요가 있다.

주변 사람들로부터 받는 심리적 지지

참석자가 수백 명 모이는 대규모 행사를 개최한 적 있다. 그 때를 생각하면 행사 준비를 하면서 사람이 오지 않을까봐 마음 졸였던 기억이 남아있다. 큰 행사를 하기로 해놓고 다른 준비는 다 해놨는데 하루는 신청자가 많고 하루는 적고를 반복했다. 어떤 날은 신청한 사람도 취소를 하고 정말이지 당일이 되어봐야 알 수 있을 것 같은 긴장된 나날을 보내고 있었다. 준비 비용만 해도 큰돈이 들어간 행사여서 망치면 큰일이다. 얼마나 조마조마했는지 행사일이 다가오는 어느 날 악몽을 꾸고야 말았다. 행사는 시작됐고 회사 내부인사들은 다 왔는데 청중이 하나도 없었다. 큐사인은 들어왔고 텅 빈 홀에 우두커니 서있는 연자. 혼자서 열기를 뿜어내고 있는 빔 프로젝터. 그리고 넋이 나간채로 멍하니 행사장을 바라보는 내 모습. 장면이 바뀌고 나는 상사에게 호되게 야단을 맞고 있었다. 깨어나 보니 꿈이었다.

이런 현실성 없는 꿈을 꿀 정도로 온 신경이 곤두서 있었다. 사람 모으는 일, 지지자를 만드는 일은 너무나 중요하다. 결과적으로 그 행사는 잘 됐다. 당일 아침까지 답신을 해왔고 행사장에는 빈자리가 없을 정도로 사람이 가득했으니까 말이다.

지지해주는 사람이 없을 때 위축되는 게 괜히 그런 건 아닌 모양 이다. 자신의 의견을 주는 사람이 많을수록 관여하는 사람이 늘어날 수록 불필요한 일이 추가되기도 한다. 그래도 관심이 없는 것보단 있 는 게 낫다. 그래야 결정적인 순간에 성공한다.

심리적인 지지도 중요하다. 가족이나 친구, 동료 등 주변 사람들이 정서적인 도움도 주는 게 좋다. 고용노동부에서 만든 워크넷이라는 사이트에서 직업심리검사를 제공한다. 어렵지 않고 질문에 대한 답 을 체크하는 형식이어서 가볍게 해볼 수 있다. 검사지에 나오는 항목 중에 가정이나 주변 사람들로부터 지지를 받고 있는지 묻는 항목이 있다. 막연히 그런 줄만 알았는데 이런 검사에도 항목이 있는 걸 보 니 주변 사람들 지지가 정말 중요하구나 싶었다. 이런 종류의 심리검 사가 은근히 재미있으니 워크넷 사이트 http://www.work.go.kr 에 서 해보는 것도 추천한다.

내가 하는 일에 찾아올 사람을 확보하는 것, 그리고 내가 하는 일 을 심리적 정서적으로 지지해주는 사람이 있는 것 이 두 가지가 필 요하다. 이게 갖춰졌을 때 안정되게 일할 수 있다. 지지를 받으려면 지금 하고 있는 일이나 활동에서 주변 사람들을 잘 챙겨두면 나중에 자산이 된다. 직장에서 내 얘기를 잘 들어주는 사람, 명절만 되면 모임을 추진해서 작은 성의를 표시하는 지인이나 동창, 사람들이 여는 개인적인 행사든 강연회든 그 사람과 안다는 이유로 찾아주는 사람. 이런 사람들이 지지자들이다. 물론 이런 모습을 전략적으로 보이는 사람도 있다. 하지만 일부 사람들 얘기이고 대부분 마음이 있기 때문에 하는 사람들이다. 전략적 행동인지 마음에서 우러나와서인지 알 수 있는 건 지속적으로 나와의 관계가 맺어지고 있는가이다. 하지만 그렇게까지 계산적으로 확인하지 않더라도, 일시적이든 지속적이든 나에게 지지를 보내주는 사람은 관심을 표한 것이다. 예전에 한 해 동안 도움을 받았던 고객들에게 연말에 손으로 쓴 카드를 보낸 적이 있다. 자필로 수 십 명에게 편지를 쓰다보니까 솔직히 손도 아프고 왜 했을까 싶기도 했는데, 잘 받았다고 문자도 보내주는 사람을 보니 나중에는 기분이 꽤 좋았다. 형식적이지 않게 나도 그들에게 감사를 보여주고 또 그들은 나를 지지하고 관심을 갖는 관계에 있는 사람을 많이 만들어 두었으면 좋겠다.

|요약|

1. 자신의 내적인 지지와 주변에서 받는 외적인 지지가 있다.
2. 내적인 지지는 소신을 갖고 끝까지 추진하는 의지이며 외적인 지지는 주변사람으로부터 받는 응원과 격려이다.

서른 살, 비전 찾기

인과관계에 따라 사실과 느낀 바 적어보기

#원인과결과#판단력#행동방안

글로 써보는 원인과 결과 관계

일이 잘 풀렸을 때는 잘 된 이유를 알고, 안 풀렸을 때는 안 된 이유를 알아야 한다. 이럴 때도 글로 써보는 게 도움이 된다. 하고 있는 일도, 상황 대처 방식도, 인간관계도 잘 될 때 잘 된 이유와 안 될 때 안 된 이유를 알아야한다. 그래야 어떤 상황에 내가 어떤 행동을 보이고 반응하는지 알아챌 수 있다. 또한 이렇게 하는 게 자신을 이해하는데도 도움이 된다.

서울대 CTL 글쓰기교실 김준성 교수는 조선일보 기사 '오류 범하기 쉬운 인과관계, 앞뒤 파악이 먼저'에서 원인과 결과에 대해 이렇게 말했다.

"주장을 정당화하거나 주장으로부터 결론을 도출하는데 가장 많이 사용하는 방식은 원인과 결과일 것이다. 일반적으로 범하는 인과관계 오류로 원인과 결과를 혼동하는 것이 있다. 사례를 보자. '천재들은 명성을 얻었다. 따라서 명성을 얻으면 천재가 될 것이다.' 명성을 얻은 사건은 천재가 된 사건의 결과이지 원인은 아니다." (출처 : '오류 범하기 쉬운 인과관계, 앞뒤 파악이 먼저'. 조선일보. 김준성 교수. 2007.07.04. http://www.chosun.com/site/data/html_dir/2007/07/04/2007070401201.html)

자신에게 일어났던 일을 기록하기 위해 글을 남길 때 앞뒤 맥락을 잘 살펴서 써야한다. 일단은 사실대로 써야 하는데 그래야 나중에 봤을 때 왜곡이 생기지 않는다. 하지만 내 일에 대해서 쓰다보면 일기 쓰듯 감정을 개입시키기 쉽다. 그러지 않으려면 일이 일어났을 때 최대한 빠른 시간 안에 쓰는 게 좋다.

예를 한 번 보겠다. 프로젝트를 끝낸 후 다음과 같이 글로 남겼다고 가정해본다.

'이번 프로젝트가 잘 됐으니 앞으로 하는 프로젝트도 계속 성공할 거 같다.'

여기서 프로젝트가 잘 된 건 성공의 결과물인데 한 번 잘 된 걸로 이런 착각을 범하기 쉽다. 이렇게 되지 않기 위해서는 우선 프로젝트가 잘 된 이유를 나열해 본다.

1. 초기에 세운 계획이 탄탄했다.

2. 진행 중 돌발 상황이나 어려움이 비교적 덜 했다.

3. 멤버들 간 협조가 잘 되었다.

메시지 : 향후 다른 프로젝트를 맡아도 잘 할 수 있는 지식과 경험이 생겼다.

서른 살, 비전 찾기

이 정도로 쓸 수 있는 것이지 이번에 한 번 성공한 사실로 앞으로도 계속 성공할 거라고 스스로 보장하기에는 무리가 있다. 또한 결론으로 이렇게 남길 수 있다.

'프로젝트 진행에 자신감이 생겼으니, 앞으로 새로운 프로젝트 참가자를 모집하면 먼저 자원할 계획이다.'
이처럼 향후 어떻게 할 것인지 까지 적어줄 수 있다.

이렇게 하면 생각을 정리하는 것뿐만 아니라, 다음에 유사한 상황이 있을 때 그 순간 과거에 했던 일을 떠올리며 또 다시 같은 생각을 할 필요 없이 예전에 생각한 계획대로 바로 실행에 옮길 수 있다.

글로 정리하기가 필요한 이유 1
: 앞으로의 일은 과거 경험으로부터

요약하면 이렇다. ①일단 상황을 있는 그대로 다 적어두고 ②내가 한 행동을 기록하고 ③행동을 하며 느끼고 생각한 바를 적는다 ④과거 어떤 경험에 비추어 이런 행동이 나왔을지도 적어본다.

사람은 과거 경험에 비추어 이후 일어나는 일에 대한 행동을 결정하곤 한다. 그렇다고 과거가 모든 결정에 대한 절대적인 기준은 아니지만, 많은 경우에 과거의 경험이 미래의 행동을 좌우하는 일이 생긴다. 그러므로 과거에 잘못된 판단이나 행동이 있었다면 또 다시 반복하지 않기 위해서도 인과관계를 잘 기록해야 한다.

《말의 한 수》 저자 다다 후미아키는 호객 판매 등 악덕 상술 실태에 정통한 르포 기자이다. 그는 저서에서 인생은 끝없는 선택의 연속이라고 말한다. 이 말을 달리하면 끝없는 '유추'의 연속이라고 할 수 있다. 우리는 하나의 문제에 부딪혔을 때 지금까지의 경험과 타인의 경험 등에서 가장 비슷한 경우를 살펴 해결책을 도출해 내야 한다. 결국 우리가 삶을 얼마나 성공적으로 이끌 수 있는가는 유추를 얼마나 올바르게 행할 수 있느냐에 달렸다고 해도 과언이 아니다. (출처: '말의 한 수'. 다다 후미아키. 2017. p.46)

　살다보면 어떤 일은 너무 기뻐서, 어떤 일은 너무 화가 나서, 또 어떤 일은 슬프거나 마음이 상해서 오래 동안 잊혀 지지 않고 기억에 남을 때가 있다. 이 때 조금이라도 격한 감정에서 벗어나 현실로 돌아오기 위해서 쓸 수 있는 최선의 방법이 기록이다. 아깝고 붙잡고 싶은 생각을 글로 남겨놓으면 내 기억을 백업해 줄 보조 저장 장치가 생긴다. 나는 잠시 잊고 현실에서 처리해야 할 일에 몰두할 수 있다. 좋은 일이든 나쁜 일이든 그래서 기록은 지금 이 순간을 잘 보내기 위해서 필요한 일이다.

　하지만 심하게 과거 경험에만 의존해서 내리는 결론에도 위험이 있게 마련이다. LG경제연구원에서 작성한 '틀에 갇힌 사고에서 벗어나는 방법'이라는 문헌을 보면 이런 말이 나온다. '뇌는 과거의 경험과 지식을 바탕으로 형성된 사고의 틀이 있다. 사고의 틀에 맞는 정보만을 선택적으로 받아들이거나 배제한다. 틀에 맞게 정보를 가공해서 받아들인다. 또 복잡한 현상을 단순화시켜 처리한다. 하향 처리(이 논문에서 뇌에서부터 시작하여 아래에 있는 정보에 도달하는 과정을 비유해서 이렇게 지칭했다.)는 처리해야 할 정보가 많고 시간도 한정적인 상황에서 최소한의 정신적 노력으로 최대한 효율을 내기 위해 진화된 사고 방식이다.' 그러나 이런 방식이 '중요하다고 여겨지는 것에 주목하는 진화적 산물'이라고 말하면서도 자기 생각 틀에 맞춰 모든 정보를 재단해버릴 수 있다고 우려하기도 한다. '현실 변화를 인식하지 못하거나 발상 전환을 통해 새로운 생각을 이끌어내는 데 어려움을 겪을 수 있다. 생각을 덜 하게 되는 부작용이 있을 수 있다'고 말한다. (출처 : '틀에 갇힌 사고에서 벗어나는 방법. 전재권. LG경제연구원. 2010. 08. 24. http://www.lgeri.com/report/view.do?idx=16652)

일어났던 일을 기록하고 향후 방안을 정리해두는 건 좋은데, 상황이 바뀌었다는 사실은 언제나 인지하고 있어야 한다. 한 번 잘했던 일이 반복 되면 좋지만, 한 번 잘못된 일을 똑같이 실수하는 일이 생겨서는 안 되지 않는가. 앞으로 더 잘 해보려고 하는 일인 만큼 제대로 판단해야 한다. 기록해둔 정보를 하나의 가이드라인으로 삼으면서 종합적으로 상황을 판단하는 능력도 길러야 한다.

글로 정리하기가 필요한 이유2
: 향후 행동 방안을 미리 생각해볼 수 있다

인과관계에 따라 정리할 때 제일 중요한 게 유사한 일이 일어났을 때 앞으로 어떻게 행동할 것인지 방점을 찍는 결론을 내는 것이다. 있었던 일을 사실대로 적어서 그런 결과와 행동이 나오게 된 관계도 풀어서 써보고, 앞으로 할 행동까지 방향을 정하는 일이다. 안 그래도 기억할 것 많고 신경 쓸 일이 많은 세상에 과거에 일어났던 일은 좀 잊고 지내며 살아갈 수 있다. 결국 내가 하고 싶은 일, 잘 할 수 있는 일이라는 건 과거에 어떤 경험을 통해서 직관적, 분석적으로 알아왔고 또 앞으로 더 깊게 발견해가는 과정이다. 나에 대해서 더 알아야겠다고 생각돼서 과거의 일을 떠올려 보고 싶을 때 써 놓은 것을 보면 된다. 그 때 당시 바로 기록을 했으니 기억이 왜곡되지 않았고, 또 살면서 괴로웠지만 교훈도 함께 얻었던 일이 있다면 그 상황 자체는 써놓고 좀 잊어버리고 살아도 된다. 앞으로 어떻게 해야 할지만 생각하며 살았으면 한다. 그게 더 행복할 수 있는 길인 것 같고, 또 그렇게만 살아도 쉽지 않은 세상이다. 내 기억 보조 저장 장치를 만들어 나를 찾아가는 길에 힘이 좀 덜 들었으면 좋겠다.

| 요약 |

1. 어떤 일을 겪은 후에는 원인과 결과를 잘 구분해본다.

2. 기억이 왜곡되기 전에 사실 그대로를 기록해 둔다.

3. 향후 같은 일이 일어나면 어떻게 할 것인지 행동 방안을 마련하면 가장 좋다.

자신만의
USP(Unique Selling Proposition) 찾기

#제목#브랜딩#타이틀

가장 중요한 단 한 가지

개인의 U.S.P는 '나'라는 사람의 제목을 다는 것과도 같다. 기사를 볼 때도 제목을 보고 끌리는 기사에 눈길이 더 가는 것처럼 '나'도 누군가에게 끌려야 사람들이 찾게 마련이다. 나를 드러내는 한 줄이 그래서 중요하다. 여자 컬링팀 예명을 '팀 킴'으로, 유재석을 '국민MC'로 기억하는 것도 하나의 특징을 잡아 머릿속에 남기는 것이다. 잘하는 게 많아도 세상은 한 가지 특징으로 기억한다.

광고에서라면 이렇게 말하기도 한다. '열 가지 이상 사실을 전달하려 해도 소비자는 그 중에서 한 가지만 기억하려 한다. 그 밖의 것은 전달자 의도와 다르게 기억하게 되고, 소비자 나름대로 개념화시켜서 자기 것으로 소화한다. 갖가지의 개성은 한 조각의 타일과 같다. 마치 모자이크처럼 하나의 뛰어난 그리고 기억할 수 있는 주제로 모아져야 한다. 왜냐하면 대중은 그 모든 조각들을 머리에 다 집어넣고 다닐 수가 없기 때문이다.' (출처 : '광고의 실체'. 로저 리브스. 1988. p.43~44)

여러 가지 특징 중에 하나를 사람들이 기억해주기도 하지만, 한 가지 특징을 찾아서 광고처럼 그 사실을 알리고자 하기도 한다. 정말 그러한 특징을 가지고 있다면 나름대로 자신만의 독특함을 발견하고 정의하는 게 필요하다.

광고전문가 로저 리브스는 이런 단 한 가지 문구나 컨셉을 독특한 판매요소 'U.S.P'(Unique Selling Proposition)라고 했다. 그가 1910년에 태어난 사람임을 감안하면 이미 오래 전부터 나온 개념이다.

개인 브랜딩을 위한 '제목 찾기'

학교도, 직장도 소속되어 있는 동안에는 이름만으로도 내가 누구인지 사람들이 알고 있다. 하지만 졸업 하거나 퇴사를 하면 뭐라도 기억에 남기고 떠나는 사람이 별로 없다. '아, 그 사람'이 될 뿐이지 누구라고 확실히 남기고 가는 사람을 많이 보지 못했다. 예전에는 이게 남들이 지어주는 건 줄 알았는데, 퍼스널 브랜딩이라는 개념을 알고부터 자신이 만들 수도 있다는 걸 이해했다.

잘 했던 거, 남도 잘 한다고 하는 걸 생각해보고 그걸 특징으로 잡아도 되고, 하고 있는 일을 구체화 시켜도 된다. 생각나는 것을 종이에 다 써보고 그 중에 하나를 뽑아서 세련되게 만드는 것도 좋다. 처음 작성할 때는 양이 좀 많은 게 좋을 수 있다. 일단 뭐라도 있어야 진주 같은 걸 찾아내니 생각나는 대로 다 써보길 추천한다. 광고 카피를 만들 때도 홍보 전문 회사에 의뢰했더니 카피라이터가 뽑은 수많은 문구 중에서 제품의 특징을 가장 잘 반영하면서 트렌드도 반영하는 문구로 선정을 했다. 그 과정에 관계자들 의견도 들어보고 디자인 시안에도 넣어보고 몇 가지 단계를 거쳤지만, 맨 처음엔 많은 후보 문구 중에 하나로 좁혀나가는 과정이 꼭 있었다.

숙명여대 홍보광고학과 유종숙 교수는 저서 '광고와 직업'에서 이렇게 말했다. '카피를 쓰기에 앞서 광고주 회사와 관련된 방대한 자료를 수집하고 소화해야 하며, 제품의 특성을 이해하고 소비자 심리를 파악해야 한다. 이를 통해 콘셉트를 추출해 아이디어를 개발해야한다. 이렇게 발로 뛰는 과정들이 있고 난 뒤에야 본격적인 카피라이팅이 시작된다.' (출처 : '광고와 직업'. 유종숙. 2013. p.25)

제품의 광고 카피를 만드는 일도 이런데 내가 내 거 만드는데 이정도 노력은 해야 된다. 한 번도 생각해 본 적이 없으니까 낯설지 꼭한 번 해야 되는 일이다. 나를 어떤 키워드로 나타낼지는 중요한 일이다. 회사에 있을 때도 '국민대리 이대리', '이미지 디자이너 정과장' 이런 사람들이 있었는데, 이게 사실은 본인들이 만들어서 부르다가 다른 사람들도 불러주게 되었다. 다만 같은 회사에 있는 사람들은같이 일을 했으니 저런 단어만 들어도 누군지 알 수 있지만 그 외의사람들은 알기 어렵다. 따라서 키워드들을 알기 쉽고 세련되게 풀어서 설명만 해주면 그들의 U.S.P가 나올 수 있다.

한겨레신문 기자였던 故구본준 기자는 세바시 강연에서 '언제나 제목을 생각하자'는 말을 강조하며 이런 이야기를 했다. '신문사에는 취재기자와 편집기자가 있다. 신문사 조직도를 보면 취재하는 사람들이 더 많기 때문에 취재국, 취재본부라고 해야 되는데 편집국이라는 말로 쓰여 있다. 편집기자가 훨씬 중요하다는 뜻이다. 취재기자들은 하루에 글을 쓰면 원고지 20매, 즉 4,000글자 정도 쓰는데, 편집기자들은 많이 쓰면 40글자 정도 쓴다. 편집기자는 제목을 쓰는 기자다. 취재국은 없어도 편집국은 있다. 제목이 그만큼 중요하다.' (출처 : '글을 진짜 잘 써야 하는 사람, 바로 직장인'. 구본준. 세바시)

스테디셀러 '꽃들에게 희망을'은 원제가 'Hope for the flowers'이다. 사실 제목에 있어 의아한 면이 있었다. 책을 읽어보면 많은 부분이 애벌레가 기둥을 쌓아 올라가는 내용인데 제목에는 애벌레도 기둥도 전혀 드러나지 않는다. 그런데 중간 쯤 읽다보면 왜 '꽃들'과 '희망'이라는 단어가 제목에 등장하는지 이해가는 부분이 나온다.

나비가 꽃에서 꽃으로 씨앗을 운반해주기 때문에 나비가 없으면 꽃도 없어지게 될 거라는 말이다. 그런 나비가 되는 게 바로 지금 상태인 애벌레인 너의 모습이고 변화를 위해서 잠시 머무는 곳이라는 내용으로 감동을 준다. 나비가 없어지면 꽃도 없어진다는 이 말은 단 한 번 나온다. 그 한 줄로 인해 '꽃들에게 희망을'이라는 제목이 이해가 된다. 그리고 전체 내용을 읽어가며 꽃들에게 희망을 주는 나비, 그 나비의 모습으로 날아오르기 위해 잠시 머물고 인내해야 하는 상태가 애벌레라는 흐름을 파악할 수 있다. 책의 내용도 감동이지만

서른 살, 비전 찾기

제목도 콘텐츠와 연결하는데 큰 역할을 했다고 생각한다.

　누군가 나를 기억해준다는 건 멋진 일이다. 세상을 살다가는 흔적을 남길 수 있다는 의미이기도 하다. '한글 창제' 세종대왕, '팝의 황제' 마이클잭슨, '노래하는 철학자' 김광석처럼 오래도록 기억에 남는 사람은 특징이 되는 말도 함께 남는다.

　U.S.P.를 정의한 로저 리브스는 같은 책에서 이렇게 기술했다. '광고가 동일한 수준일 때 나은 제품이 장기적으로 승리한다'. 멋있는 타이틀을 만들기 위해서 꼭 전제되어야 할 게 있다. 타이틀이나 카피 문구에 맞는 확실한 내면을 갖추고 있어야 한다. 껍질만 매력적이고 속이 비어 있으면 사람들은 속았다는 생각을 할 수 밖에 없다. 겉으로 보여 지는 게 차이가 없으면 실력 있는 사람이 승리하게 마련이다. U.S.P를 만드는 것도 중요하지만 무엇보다도 우선해야할 건 그 특징이 정말 나에게 있어야 한다. 사용해보고 좋아야 그 상품을 또 찾듯이, '그런 사람이 맞다'라고 인정해야 사람들이 계속 기억해준다. 그렇게 만든 U.S.P가 공감을 일으켜 세상에 꼭 남는 자신만의 카피라이트 문구로 만들어지길 바란다.

|요약|

1. 세상은 한 가지 강렬한 특징을 기억한다는 사실을 이해한다.

2. 특징 잡을만한 문구를 많이 써보고 그 중 하나를 정한다.

3. 선정한 U.S.P가 더욱 빛나도록 충분한 실력을 갖춘다.

실력과
인성 체크하기

#실력#고운심성#노력

올바른 인성과 당당한 실력

함께 사는 우리가 일하고 살아가는 것만 잘 되는 게 전부가 아니라 인성을 갖춘 사람으로 계속 성장해갔으면 한다. 능력 있는 사람이어서 선망의 대상으로 여겼으나 겉으로는 보여 지지 않던 모난 면으로 상처받아본 사람은 안다. 좋은 인성을 갖춘 사람에겐 빛이 난다.

배우 정우성은 영화나 TV에서 보는 모습도 멋있지만 그를 더 빛나게 하는 일이 있다. 바로 UN 난민기구 친선대사 활동이다. 얼마 전 jtbc 뉴스룸에서의 인터뷰 내용이 꽤 인상적이었다. 잘 생긴 남자 배우로만 생각했는데 의외로 국제사회에서 관심 가져야할 난민 문제에 대해서 해박한 지식과 진심어린 관심을 가지고 있었다. UN 난민기구 최고 대표 필리코그란디가 말한 '로힝야 난민캠프에서 만난 여성 대부분이 강간을 당했고, 아이의 대부분이 눈 앞에서 부모의 죽

서른 살, 비전 찾기

음을 목격했고, 부모의 대부분이 아이의 죽음을 목격한 사람들이다'
라는 말을 듣고 빨리 가봐야겠다는 결심을 한 뒤 쿠투팔롱 난민캠프
에 다녀왔다. 거기서 보고 겪은 난민캠프 거주자들의 뼈아픈 실상,
난민촌 형성의 역사적 배경, 주민들과의 인터뷰 내용 등을 아주 구
체적으로 전달했다. 인터뷰를 진행한 손석희 앵커 또한 솔직히 친선
대사라고 이름만 걸어놓은 것 아닌가 했는데 생각이 완전히 바뀌었
다며 칭찬 했다. (출처 : jtbc뉴스룸 문화초대석 정우성 인터뷰 중에서. 2017. 12. 14)

실력과 인성 사분면

실력이 출중한데 인성이 별로고 교감 능력이 떨어지는 사람이 정
말 있다. 주변에도 있고, 나도 겪어봤고, 또 그런 사람으로 인해 아파
하는 사람의 고충도 들어봤다. 난 이런 사람을 '상처 메이커'라고 부
른다. 이 상처 메이커 때문에 실력과 인성의 관계를 표로 그려봤다.

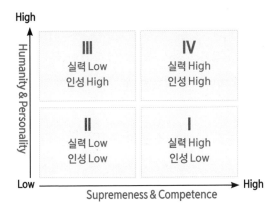

Ⅰ번 면이 바로 상처 메이커다. 실력은 있는데 인성이 떨어지는. 이런 사람에게 상처 입은 사람은 이렇게 말한다. "좋은 사람인줄 알고 다가갔는데 아니었어."

Ⅱ번 면은 실력도 없고 인성도 없는 말 그대로 '폭망형'이다. 이런 사람들에 대해서는 주변에서 이렇게 말 한다. "냅둬. 어차피 얼마 안 가 망할 사람이야." 진짜 얼마 안 가 스스로 망한다. 절대 이런 사람이 되지 말아야 되겠다.

Ⅲ번 면은 실력은 별로지만 인성이 올바른 사람이다. '유리천정형'이라고 생각하는데 이런 사람들은 좀 안타깝다. 인간관계가 좋아서 어느 정도는 올라가겠지만 그 이상은 힘들기 때문이다.

Ⅳ번 면이 바로 우리가 지향하고 추구해야 할 '워너비'형이다. 살면서 이런 사람은 딱 한 명 본 것 같다. 대단히 덕망 있는 사람이어서 주변에 사람도 많고 타의 추종도 불허한다. 나는 이런 사람은 상위 0.1%에 해당한다고 생각한다.

이 네 가지 사람들은 주변에서 흔히 볼 수 있고, 각자의 특징에 따라 어떻게 자리를 잡고 살아가는지도 쉽게 찾아볼 수 있다. 어느 면에 위치하고 싶은지는 개인의 노력과 판단이다.

성공한 사람들도 인성을 소홀히 여기지 않는다

세계적인 기업가 빌게이츠, 워런 버핏, 마윈 등도 수 조원의 재산을 기부하는 기부왕으로 잘 알려져 있다. 이런 사람들의 이야기가 너무 멀게 느껴진다면 얼마 전 기사에 나온 우유 장사를 하며 모은 돈

10억 원을 숙명여대에 기부하신 할머니 사례도 참고해볼만 하다. 안춘실 할머니는 평양에서 태어나 전쟁 때 서울로 피신하는 바람에 무일푼으로 출발할 수밖에 없었다. 부모님을 도와 장사를 시작한 할머니는 동생들 대학까지 보냈지만 자신은 힘든 삶을 살았고 마지막에 동생들이 다닌 학교에 큰돈을 기부하셨다. (출처 : 조선일보. '평생 우유 장사 할머니, 전 재산 10억원 기부' 2018. 02. 13)

이것도 특별한 사례라고 생각하면 정말 일상에서, 직장에서, 학교에서라도 인성을 다듬어가면서 실력도 쌓았으면 좋겠다. 윗사람에게 잘 보이는 것까지는 좋지만, 아랫사람에게는 인격적인 모욕과 고성을 서슴지 않는 상사, 성공해서 부와 명예를 누리면서 집에 오면 가족들에게는 따뜻한 말 한 마디 없는 부모, 상하관계 강조하고 다니면서 정작 후배들한테 밥 한 번 사주는 일 없는 선배. 이런 사람은 되지 말아야 한다. 또한 다른 사람이 한 잘못을 지적하고 싶으면 딱 거기까지 만이지 그 일과는 아무 관련도 없는 태도며, 성향이며, 옛날에 했던 어떤 행동까지 끌고 올 필요는 전혀 없다.

나는 살면서 성격을 세 번 바꿨다. 좀 호전적인 면이 있어서 작은 일에 다투는 적이 많았다. 이래서는 안 되겠다싶어서 매우 노력을 해서 호전적인 모습을 없애고 부드럽고 배려심 있는 성격으로 바꿨다. 그랬더니 또 문제가 생겼다. 너무 참고 배려하다보니 속병이 날 거 같았다. 그보다 더 큰 문제는 참고 참다가 마침내 터뜨리는 날에는 너무 크게 폭발하는 바람에 소중한 사람을 잃기도 했다. 그래서 이제는 다시 호전적인 면을 약간 추가하려고 한다. 원래 의도는 사람을 잃으려는 게 아니라 지키려는 것이었기 때문에 표현의 문제지 너무 감정을 억제하는 것도 아니라는 생각이 들었다. 문제가 일어나고 있는 그 순간에 감정의 기복을 조절하며 받아들여질 수 있는 범위 내에서 표출을 하려고 한다.

중요한 건 노력이다. 성격을 한 번 바꾸는 게 뼈를 깎는 거 같이 힘들다. 그보다는 아예 처음부터 이걸 인지하고 실력과 같이 키워나가는 게 제일 좋은 방법이다. 이걸 일찍부터 알고 시작하면 정말 좋겠다. 잘 나갈 때 우쭐거리지 말고 안 되던 때도 생각할 줄 알고, 나보다 아직 모르는 사람은 실력이 없어서가 아니라 경험을 덜 해봐서라고 생각할 수 있다면 너무 좋겠다. 실력과 함께 말이다. 실력이 있으면 올바른 인성까지 갖춰야 진짜 실력자다. 이게 내가 힘들게 성격을 고쳐갈 때 만들었던 삶의 가치관이다. 실력이라는 것도 상대적인 것이니 이왕 할 거면 Ⅳ번 '워너비형'으로 주변 사람에게 남는 게 낫지 않을까. 누구보다도 나를 더욱 반짝반짝하게 만드는 길이다.

|**요약**|
1. 실력 있고 인성도 고운 사람이 되어야 한다.

서른 살, 비전 찾기

4장

—

비전 찾기, Logic으로
추론하라(Reasoning)

요즘 세상은
뭘 원하는가?

#바람#정리#내것

파도에 맞서기보다 파도를 타는 게 현명하다

이게 쉬우면 바다에서 서핑을 못 하는 사람이 있겠냐 만은, 바람도 파도도 연구해야 서핑을 하듯 세상의 흐름과 외부환경도 공부해야 읽을 수 있다. 영화 '관상'에서 아들을 잃은 송강호 마지막 대사가 "난 사람의 얼굴을 봤을 뿐 시대의 모습을 보지 못했소. 시시각각 변하는 파도만 본 격이지. 바람을 보아야 하는데, 파도를 만드는 건 바람인데 말이오."였다. 감동적인 이 대사만해도 바람과 파도를 보라고 하는 것처럼 뭐가 하고 싶은지, 지금 시대는 뭘 원하는지 알아야 할 필요가 있다.

세상이 원하는 걸 알기 위해 정보 찾기는 필수

시대 흐름을 이해하려면 정보가 필요하다.

정보를 찾을 때 가장 많이 참고하는 게 인터넷이다. 자료를 찾을 때 종종 이용하는 방법인데 웹 검색 자료는 잘 선별해서 봐야 한다. 구글에서 검색어 뒤에 pdf를 붙이면 검색된 문헌 자료나 기획서들이 비교적 출처가 명확한 정보들이 나온다. 보다보면 내가 지금 하고 있는 생각이 이미 몇 년 전에 누가 발표한 자료 안에 담겨 있을 수도 있다. 자료를 더 조사해보면 이미 그 일을 하고 있는 사람이 있어서 그 사람을 찾아 만나본다던지 관련된 정보를 더 모을 수 있다. '경제연구원'과 같은 사이트에서 자료도 많은 도움이 된다. 자료가 많아서 다 보기 힘들면 허핑턴포스트같은 정리가 잘 된 사이트를 보는 것도 추천 드린다.

스마트에듀 대표 고평석 칼럼니스트는 인문학과 디지털을 엮는 인문디지털커넥터로 활동 중이다. 그는 저서 '제4의 물결, 답은 역사에 있다'에서 사람들의 아이디어가 비교적 공정하게, 비교적 높은 가치로 평가되는 곳이 인터넷이라고 말한다. 인터넷에는 사람들의 생각이 빠르게 유통되고 놀라운 속도로 쌓이기 때문이라고 전한다. (출처 : '제4의 물결, 답은 역사에 있다'. 2017. p.237)

찾으려고만 하면 없는 정보가 없을 정도. 정보 속에 빠지지 않는 게 필요하다. 풍부한 정보 속에서 필요한 것 바람직한 것을 찾아낼 수 있는 눈을 키우는 안목을 키우는 게 중요하다.

온라인 및 오프라인 강의, 강연회 등 다양한 채널을 활용

세상이 원하는 걸 읽는 방법에는 온라인뿐만 아니라 오프라인에서도 찾을 수 있다. 몇 년 전만 해도 강의가 이렇게 많았나 싶을 정도로 요즘 강의가 많아졌다. 주중에도 주말에도 매일 세미나가 진행되고 있다. 직장에 다니고 있다면 퇴근 후에, 새로운 일을 준비 중인 사람이라면 생활패턴에 맞는 시간대에 필요한 강의를 들으러 갈수 있다.

홍보 채널도 다양해졌다. 소개 글이나 문장도 멋있게 잘 쓰는 시대기 때문에 찾다보면 혹할 만한 강의도 많다. 다 들을 필요는 없고 그렇게 권하지도 않는다. 정말 필요한 것을 찾아서 제대로 활용하는 게 도움 된다. 피곤에 지쳐 있는데 의무감으로 갈 필요도 없고 정확한 목적과 방향성을 가지고 가는 게 좋다. 나도 세미나를 들으며 책 쓰는 걸 알게 되어 실행에 옮겼다. 새로운 일에 도전할 수 있었던 데에는 발로 뛰며 찾아가며 얻은 정보력이 있었다. 이후 독자에서 저자가 되고 출판이라는 기존에 알지 못했던 시장을 이해하고 흐름을 파악하는 계기가 되었다.

하나라도 내 것으로 만드는 게 정보 찾기의 완성

세상이 원하는 바를 알기 위해 정보를 찾았다면 정리를 잘 해두어야 한다. 스티븐 로젠바움의 '큐레이션'에 보면 미국의 IT블로거 로버트 스코블의 말을 인용하여 정보의 수집 및 정리에 대해 써놓았다. '건초 더미는 점점 많아질 것이고, 우리는 그 속에서 바늘을 찾아줄 사람이 필요해질 거에요. 오늘날 트위터가 빠르게 성장하고 있죠. 그러한 트위터 스트림 속에서 우리가 수집하고 저장하고 논의해야 할 새로운 인간의 패턴은 어디에 있을까요? 그 첫 번째 열쇠는 세상에서 논의할 가치가 있는 패턴을 포착해내는 큐레이터가 쥐고 있어요.' 라고. (출처 : '큐레이션'. 스티븐 로젠바움. 2011. p.40)

문헌을 보거나 강의를 들은 후에 보고 끝나고 듣고만 말면 남는 게 하나도 없다. 머릿속에 남았다고 생각하겠지만 기억은 언젠가는 지워지고, 다음에 생각해내고 싶어도 '그 때 무슨 말 했지? 분명 좋은 내용이었는데'라고 아쉬워할 때 찾아 볼 자료가 하나도 없다. 이때를 대비해서 찾은 자료에서 좋은 말이나 글이 있으면 남겨 놓는다.

엑셀이나 워드를 이용해 주제, 날짜, 장소, 주요 내용, 활용 방안, Follow up, 비고란을 만들어 기록해 둔다. 파일명은 '자료 및 세미나 정리'로 만들어서 파일 관리를 해준다. 자료를 보자마자 강의를 들은 직후에 정리를 하면 생각이 빨리 나서 쉽게 쓸 수 있다. 그러나 몇 일 지나서 쓰려면 기억도 안 나고 쓰기도 귀찮아지니 최대한 빠른 시간에 남겨두는 것이 좋다.

'매일 아침 써봤니?'의 저자이자 프로듀서인 김민식 작가는 세바시 강연 '괴로움을 즐거움으로 바꾸는 글쓰기'에서 이런 말을 남겼다. '리뷰를 쓸 때 혼자 책을 한 권 읽고 마는 게 아니라 나의 책을 읽은 그 시간이 다른 사람에게 도움이 되기를 간절히 바랍니다.'라는 마음으로 쓰라고.

다른 사람에게 도움이 되게끔 글을 남긴다고 생각하고 수집한 자료를 정리해 둔다. 그러면 보기에도 편하고 읽기도 쉬워 결국 내가 보기에 좋아진다. 이렇게 찾은 정보나 강의를 통해 들은 내용은 내 걸로 만들 수 있도록 노력을 해야 한다.

　세상을 읽는다는 건 정보 습득과 발견한 정보를 얼마나 내 것으로 만드느냐의 싸움이다. 내 걸로 만든다는 건 '혼자서 할 때도 그 일을 할 수 있나'에 대한 결과물이라고 생각한다. 기획서 작성에 관한 책을 읽고 수업을 들었다고 해보자. 그러면 그 내용을 가지고 혼자서 자료를 분석하고 리포트를 만들 수 있는지, 또 다른 사람에게 설명할 수 있는지, 제대로 했는지 어떻게 해서 잘 했는지 못했는지도 알아야 한다. 이렇게 까지 되어야 세상이 원하는 걸 읽고 내 걸로 만들어 하고자 하는 일을 찾았다고 볼 수 있다.

　책을 읽던 강의를 듣던 믿을만한 사람에게 배워야 한다. 어떤 정보를 취했다는 건 내가 한 선택이다. 내 선택을 믿고 거기서 하라는 걸 다 적용해 봐야 내 것이 된다. 그리고 제대로 했는지 확인하는 과정에서 길을 찾기도 한다. 자료가 쏟아져 나오고 강좌가 열리고 하루가 다르게 그 분야로 진출하는 사람들이 생겨난다. 바람을 볼 수 있어 미리 예견하는 눈이 있다면 가장 좋다. 아직 그 정도의 시각을 갖기에 부족하다면 그럴 때는 있는 시장에서 찾아보는 것도 괜찮은 방법이다.

　지금 자기 생각 속에만 빠져 있다면 자칫 소중한 내 꿈, 일, 존재하는 이 시간을 잃을 수도 있다. 도서관에 가든 인터넷을 찾든 강연에 참가하든 밖으로 나간다. 세상의 흐름을 읽던지 흐름을 읽은 사람에게 얘기를 들어보던지 한다. 10가지를 보고 들었다면 그 중에 하나만이라도 확실하게 내 것으로 만든다. 다른 사람에게 설명을 해주거나 글을 써서 알려 할 수 있는 최대한 노력을 해서 파도와 바람이 나와 같이 갈 수 있도록 해보길 바란다.

|요약|

1. 세상이 원하는 걸 이해하려면 밀려오는 파도에 저항하기보다 파도의 흐름을 타는 게 현명하다.

2. 온라인, 오프라인에서 좋은 정보를 얻기 위해 발로 뛰고 찾고 또 찾아야 한다.

3. 찾아낸 정보 중 한 가지라도 혼자서 그것을 할 수 있을 만큼 내 것으로 만든다.

내 강점은 어느 수준이고
경쟁자는 어느 정도인가?

#강점#잘하는일#성향

얼마나 확신을 가지고 시작했는지,

그 확신을 얼마나 오래 내 안에서 유지할 수 있는지

SNS 시대다. 홍보가 거창한 것이 아니어서 개인도 자기 홍보를 쉽게 할 수 있다. 셀프마케팅이 가능해진 만큼 기업에서 활용하던 좋은 마케팅 툴을 개인에게도 적용해보면 좋겠다. 4대 매체가 주요 홍보 방식이었던 시대에 마케팅은 기업에서 제품과 서비스를 알리고 수익을 창출하는 수단이었다. 비용은 좀 더 합리적으로 쓰고 결과는 더 효율적으로 만들기 위한 방법이었다.

자기 홍보를 위해서는 내 강점을 알아야 한다. 강점을 찾는 툴을 활용해보자.

세그멘테이션(Segmentation)이라고 하는 시장 세분화는 공급이 수요를 초과하는 시대에, 쓸 수 있는 자원을 활용해서 자사 제품이 가장 유리한 위치를 확보하기 위해 시장을 쪼개보는 작업이다. 이걸 개인에게 적용해 보고 싶었다. 내가 가진 자질로 모든 일에 다 뛰어들수 없으니 어디로 들어가면 가장 유리할지 분석할 수 있다. 직원 수가 많은 곳에서 일하기 적합한 사람인지, 비교적 인원이 적은 조직에서 일할 수 있는 사람인지, 혹은 아예 소수 정예 인력이 모여 있는 곳에서 활동적으로 일할 수 있는지 고민해볼 수 있다. 여기에다 기업의 특성이 공적 성격을 갖는 곳인지 독립적 경영을 하거나 개인이 소유한 곳인지에 따라서도 나눠볼 수 있다. 이렇게 공공기관 대기업, 독립적 경영을 하는 중소기업 및 스타트업 등으로 세세하게 들어다본다. 그렇게 나 자신을 기준으로 놓고 세상을 보면 너도나도 높은 연봉의 유명한 기업으로만 몰리지는 않을 것 같다. 높은 스펙을 쌓고 그렇게 힘들게 기업에 입사했다가 적성에 맞지 않아 적응을 못하고 헤매며 방황하는 일도 예방할 수 있다.

회사 규모

	L	M	S
	대기업	중소기업	스타트업
공적 성격			
독립적 경영			

연봉 수준

	H	M	L
	높음	중간	낮음
20대			
30~40대			
50대 이상			

표1-1. 나는 어디로 가야 하는가?

이 표 안에 가고자 하는 기업의 특성을 넣어보고 내 성향과 잘 맞는지 고민해 본다.

사람을 움직이는 동기는 무엇일까?

위와 같이 했을 때 좋은 점은 내가 직업을 선택했다는 느낌이 드는 것이다. 물론 이력서를 내고 입사지원을 할 때는 다수의 기업에 지원서를 내겠지만, 그 중에서 몇 군데는 이런 식으로 넣어보는 것도 좋다. 내가 결정했다는 느낌이 있어야 입사 후에도 원하는 일을 하고 있다는 확신이 든다. 정말 가고 싶어서 가도, 조건 다 꼼꼼하게 따져보고 입사해도, 취업하고나서 일하다보면 그만두고 싶은 심정이 들 때가 백 번 천 번도 넘는다. 그 때마다 나를 잡아줄 수 있는 내적 동기가 확고해야 된다. 그게 누가 잡아주거나 내가 받아가는 보상이 크면 만들어지는 줄 알았는데 그렇지 않았다. 막상 일을 해보니 인센티브를 받아도, 연봉이 인상돼도 크게 기쁘지가 않았다. 물질적 보상이

서른 살, 비전 찾기

직원의 동기부여에 절대적 영향을 미치지 않는다는 연구가 이미 여러 번 밝혀졌고 실제로도 느꼈다.

수전 파울러 샌디에이고대학 교수가 매일경제신문과 인터뷰하며 말한 "압박이나 강요 같은 '채찍'은 물론이고, 금전적 보상, 승진, 명성 등 '당근'은 직원들에게 수준 높은 동기유발을 이끌어내는데 독이다.'라고 한 말을 현실에서 경험한 바 있다. (출처 : [매경MBA] 동기부여, 당근? 채찍? 둘 다 틀렸다. 이승호 기자. 매일경제신문. 2015. 02. 06 http://news.mk.co.kr/newsRead.php?year=2015&no=121644)

입사하기 전부터 강점을 알고 의지가 확고해야 한다.

얼마 전 제목만으로도 마음이 짠해지는 기사를 봤다. "취업했습니다. 그리고 퇴사하겠습니다."였다. 어렵게 취업하고도 얼마 안 가서 퇴사를 결심하는 직장인들에 대한 기사였는데 꽤 공감이 갔다. (출처 : '취업했습니다. 그리고 퇴사하겠습니다.' 신지혜 기자. 파이낸셜뉴스. 2018. 04. 07. http://www.fnnews.com/news/201804051442369571)

이런 현상을 아는데서 그치기보다 어떻게 하면 나는 이 같은 상황에서 좀 더 수월하게 넘길 수 있을지, 어떻게 하면 심리적으로 비교적 안정된 상태에서 일할 수 있을지 고민해봐야 하는 시사점을 남긴다.

또한 강점을 알면 무리하게 경쟁하지 않을 수 있다. 항상 경쟁을 하며 살아왔기 때문에 누군가와 비교하는 게 습관처럼 돼버렸다. 물론 자기와의 싸움을 가장 큰 경쟁이라 여기는 사람도 있지만, 우리

중에서 누구도 단 한 번도 남과 경쟁해보지 않고 이겨왔다고 자신할 수 있는 사람은 별로 없을 것 같다. 비교를 하다보면 세상 모든 사람이 경쟁자 같아질 때가 있다. 강점을 찾으면 경쟁자 폭이 확 줄어든다. 그리고 '경쟁'이라고 생각하는 시장에 다른 강자들의 특성을 잘 살펴보면 어디로 가야할지 강점을 어떻게 전략화 해야 할지 감이 잡힌다.

'서른, 노자를 배워야할 시간' 저자 둥리즈는 베이징훙투쥐지공사 총편집장이다. 그는 인문학에 관한 여러 저서를 집필하며 스스로 능력을 충분히 갖춰야 하는 것의 중요성을 말했다. 농구를 한 번도 해보지 않은 사람이 농구 코치를 잘 한다는 건 불가능하다. 농구 문외한이 선수들을 이끄는 것은 힘들 수밖에 없다. 그런데 요즘 수많은 사람들이 사업에 관해 아무것도 모르면서 돈을 많이 벌 수 있다는 뜬소문만 듣고 사업을 벌인다. 실패는 불 보듯 뻔한 일이지만 그들은 자신이 전문적이지 못해 실패한 것이 아니라 운이 따라주지 않아서라고 원망할 뿐이라고 말한다. (출처 : '서른, 노자를 배워야할 시간'. 둥리즈. 2016. p.117~118)

컬러와 미적인 것에 관심 있는 사람이 디자인 일을 하는 게 유리하다. 사교성 좋고 서글서글하며 두루뭉술하다는 소리를 들어도 때로는 슬쩍 넘어갈 줄 아는 사람이 영업을 해도 잘 한다. 지금 혹시 내 모습이 경쟁력을 발휘할 수 없는 곳에 와있는 것 아닐까? 남들보다 나은 하나의 재능을 쓰지 못하고 있는 것 아닐까?

내 길을 찾았을 때 진정으로 행복한 삶을 찾았지만 한 편으로는 아쉬움도 남는다. 직장을 더 길게 다니지 않은 아쉬움이라기보다 인생에서 가장 꽃다운 시기인 20대 중반에서 30대 후반 시간을 더 많이 즐겁게 활용하지 못했던 것. 더 재미있게 동기부여를 할 수 있었을 텐데 충분히 하지 못한 생각이 들었다는 것. 이런 아쉬움이었다. 강점을 알고 경쟁자와 비교해서 어느 정도인지 안다는 건 자신에 대해 안다는 뜻이다. 쉽지는 않지만 경쟁도 효율적으로 적재적소에서 해야 한다. 무모한 비교로 치이고 다니는 것보다 자신만이 할 수 있는 특별한 가치로 당당하게 세상에 나가는 게 필요하다. 그게 고슴도치의 가시까지는 아니어도 든든한 마음의 동기부여가 되어 줄 것이다.

|요약|

1. 자신의 강점을 알고 확신을 갖는다.

2. 큰 시장 안에서 어디에 있어야 할지 분할(Segmentation) 해본다.

3. 타인이 아닌 자신과 싸워서 이긴다.

나는 누구에게
받아들여질 것인가?

나를 필요로 하는 고객 찾기

사람은 누구나 세상에 기여할 가치를 지녔다. 혼자 튀어서 독불장군처럼 화합을 못해도 문제지만 맞지 않는 사람과 해도 해도 안 될 정도로 싸워가면서 진을 뺄 필요도 없다. 타겟팅은 그래서 필요하다.

'좋아하는데 안 맞는 사람'과 '잘 맞는데 좋아하지 않는 사람' 중에 누구와 관계가 더 오래갈까?

내가 누구에게 받아들여질지 알기 위해 먼저 하면 좋을 게 있다. 어려움을 겪게 되는 요인 중 이런 경우를 종종 봤다.

① 성격이 활발하고 친화적이어서 대인관계에 탁월한 사람

→ 직무가 분석하고 정리하는 일을 하면서 일에 어려움을 느낌

② 기획 사무 업무가 적성에 잘 맞고 성향이 꼼꼼한 사람

→ 상품 제작이나 영업 업무에 적성이 맞지 않아 힘들어 함

이 외에도 수많은 경우를 보았고 성향과 반대되는 일을 하다가 포기하는 일이 종종 생긴다. 사회에서도 심심치 않게 일어난다. 일하기 힘들게 만드는 요인 중에 미숙하게 판단한 결정이 있을 수 있다. 우선 이런 요인부터 없애야 한다. 제거한 후에 나를 필요로 하는 사람을 정확하게 알아내는 게 필요하다.

피터 드러커의 '최고의 질문'에 보면 타겟 고객에 대해 명쾌하게 기술되어 있다. '우리 회사가 우리의 고객을 선택한다는 것이야말로 새로운 생각이다. 심하면 특정 고객과의 거래를 거부할 수도 있는 것이다. 사업이란 모든 사람을 만족시키는 게 아니라 목표고객(Target Customer)을 깊이 만족시키는 것에 달려 있다. 첫 번째로 해야 할 일은 목표고객을 정의하는 것이다. 목표고객을 어떻게 정의하느냐에 따라 상품의 디자인과 특성, 유통 채널 선택, 메시지 전달, 매체 선택, 가격 결정 등이 영향을 받는다.' (출처 : '최고의 질문'. 피터 드러커. 프랜시스 헤셀바인. 조안 스나이더 컬. 2017. p.87)

내가 하나의 상품이라면 나의 장점과 특성을 규정하고 ①어디에서 사람을 만날 것인지(유통 채널), ②어떤 사람이라고 전달할 것인지(메시지), ③가치가 얼마인지(가격) 등을 매길 수 있다. 일에 있어서 뿌듯할 때가 스스로 고객을 모을 수 있고 나의 메시지를 전달하고 수준 높은 상품이나 서비스를 제공할 수 있는 때 아닐까. 어딘가에 소속해서 일할 수도 있지만 순수하게 나를 보고 찾아오는 고객이 있고 그 타겟에 대해 정확히 알고 있을 때 가능한 일이라고 본다.

사회 활동을 하나의 큰 시장으로 본다면 모든 사람에게 내가 받아들여질 수는 없다. 나를 필요로 하는 사람들이 내 타겟 고객으로 정의가 되려면 몇 가지 사항을 반영해야 하다. 인적 사항, 성향이나 가치관 등 무형적 특성, 얼마만큼의 가치를 가지고 있는 사람들인지, 얼마나 자주 찾아올 수 있는지, 나에 대한 필요성을 얼마나 느끼고 있는지.

수동적으로 살아온 많은 사람들이 자신을 필요로 하는 고객이 있는지 알지 못한다. 졸업하고 줄곧 직장에서 일해 온 나도 누구에게 도움을 줄 수 있을 거라고 생각하지 못했다. 그러나 책을 통해 찾아오고 연락해 오는 사람들, 페이스북이나 카페 글에 반응하는 사람들을 보며 내가 도움 줄 수 있는 사람을 정의할 수 있겠다는 생각이 들었다. 이걸 규정할 수 있으면 타겟 고객이 정의되고 그들과 소통 가능한 채널을 만들 수 있게 된다.

타겟팅 – 사회적 관계를 형성하는데 꼭 필요한 것

영화 '지중해'에는 2차 세계대전 당시 그리스의 작은 섬으로 파병 온 여덟 명의 병사가 나온다. 전세가 불리해지자 사령부에서는 이들을 보낸 사실조차 잊고 연락이 두절된다. 무인도에서 세상을 잊고 섬에 적응해 살아가던 여덟 병사는 어느 날 섬에 불시착한 경비행기로 인해 전쟁이 끝난 것을 알게 된다. 고국 이탈리아로 돌아가야 하는 현실에 현지인과 결혼한 한 사람만 빼고 다른 병사들은 모두 섬을 떠난다. (출처 : 지중해. 1991. 가브리엘 살바토레. 네이버 영화.)

서른 살, 비전 찾기

수많은 사람들과 관계를 형성하고 협력을 하고 이익을 주고받으며 살아간다. 병사들은 지중해의 자유, 전쟁으로부터 벗어난 평화, 아름다운 자연경관에 대한 아쉬움을 뒤로 하고 섬을 떠났다. 사회 속에서 나를 필요로 하는 사람을 찾고 그들과 관계를 형성하는 건 쉬운 일이 아니다. 환경이 아무리 좋아도 안주하는 것은 위험하다. 나를 필요로 하는 사람과 내가 이익을 줄 수 있는 사람이 딱 만날 수 있는 접점을 찾는 것이 중요하다.

타겟팅 - 내가 가진 요인을 기회로 삼을 수 있는 사람들을 찾는 것

기획을 잘 한다면 : 기획서가 필요한 1인 사업가, 직장에 막 입사한 사회 초년생

마케팅을 잘 한다면 : 자기 홍보를 하고 싶은 SNS 사용자(초급, 중급, 고급)

영업을 잘 한다면 : 영업부서에 입사한 신입사원, 역량개발을 하고 싶은 고실력자

노래를 잘 한다면 : 살면서 노래를 잘 부르고 싶어 하는 일반인

꽃꽂이를 잘 한다면 : 힐링과 새로움이 필요한 직장인

필요로 할 만한 사람을 예상해놓고 좁혀나간다면 점점 구체적으로 보일 수 있다. 이 때 인터뷰를 통해서 알아가기도 하며 다양한 방법을 활용한다.

마케팅을 하는 사람이나 혹은 책을 쓰는 작가들에게 타겟팅에 대해 '특정한 한 명의 사람을 이미지로 그리고 그 사람에게 이야기 하듯이 쓰거나 타겟팅 해보라'고 말하는 경우가 있다. 예를 들어 '사회생활 5~6년 차, 경제적으로 독립하고 생활의 여유를 누리고 싶어하는 월 소득 250~300만 원 정도의 서른 한 살 여자 직장인'. 이런 식으로 특정 사람을 떠올리며 글을 쓰거나 프로젝트를 추진하는 것이다. 이 방식은 대통령의 글쓰기 강원국 저자도 그 책을 쓸 때 예전에 직장 다닐 때 만났던 30대 여성 직장인을 염두에 두고 썼다고 전한다.

사람들이 나를 찾아오면 끊임없이 내가 부탁하고 협조를 구하던 상황에서 자유로워질 수 있다. 큰 가치를 몰라보고 못하는 것 하나만 계속 질책하고 비난하는 사람이 있다면 그 사람과 관계는 정리하는 게 좋다. 내가 잘 하는 게 무엇인지 파악하고, 그걸 필요로 하는 사람이면 내가 받아들여질 수 있는 그룹에 해당한다. 그들이 바로 내 고객이다. 타겟 고객을 어렵게 생각하지 말았으면 한다. 예의를 갖추어 대하고 어려움을 공감하고 같이 해결해가며 좋은 관계를 형성한다. 자그마한 실수에 호되게 질책 당하지 않아도 아쉬운 말을 해가며 일을 하지 않아도 경력이 되고 하고 싶은 일을 해나갈 수 있다.

| 요약 |

1. 나를 누가 필요로 할 것인가 보다 내가 누구에게 받아들여질 것인가를 먼저 고민한다.
2. 막막하더라도 좁혀나가면서 타겟을 찾아본다.
3. 사람들이 나를 찾을 수 있게 최선을 다해 좋은 관계를 형성한다.

서른 살, 비전 찾기

나의 생애가치(Lifetime Value)는 얼마인가?

#준비#협업#특별함

한 번 같이 일 했을 때 잘 돼야 그 사람을 또 찾는다

이 일을 해결하려면 ○○○가 있어야 한다.

직장에 다닐 때 존경했던 임원분이 한 말이 기억난다. '한 번 같이 일했을 때 잘 돼야 그 사람을 또 찾는다'라고. 나와 한 번 같이 일했던 사람이 다음에 또 나를 찾는다면 능력 있는 사람이다. '생애가치'라는 말은 마케팅에서 나온 용어다. '고객 생애 가치'라는 말에서 나왔다. 1988년 출간된 로버트 쇼의 저서 '데이터베이스 마케팅'에서 처음 소개됐다고 전한다. 고객 한 명이 일회적인 소비로 그치는 것이 아니라 평생에 걸쳐 기업의 제품이나 서비스를 주기적으로 소비한다는 가정 하에 고객 가치를 측정하는 개념이다. (출처 : 두산백과 doopedia http://www.doopedia.co.kr/search/encyber/new_totalSearch.jsp)

쉽게 생각하면 어떤 고객이 처음에 5만 원에 해당하는 상품을 구매해 갔을 때 이 고객의 가치를 5만 원으로 보는 것이 아니라, 20년 동안 분기마다 5만 원씩 구매한다고 가정했을 때 이 고객의 가치를 4백만 원으로 보는 것이다. 이론에서는 더 자세하고 구체적인 수식을 소개하고 있지만 아주 간단하게 생각하자면 이렇다.

　기업 경영 관점에서 나온 용어지만 나 자신도 하나의 기업이고 나를 경영한다는 관점에서 '생애 가치'라는 말을 적용해보자. 비전을 발견하고 업을 찾아서 살아간다면 내가 기업이 된다. 고객들이 나를 지속적으로 찾아야 한다. 이 때의 고객은 '나'라는 사람의 가치를 믿고 찾아오는 개인이나 기업 누구도 될 수 있다. 이러한 형태의 고객이 꾸준히 재방문, 재 구매를 해야 내 가치가 계속 올라간다.

　'나'를 소비 하는 고객 입장이 아니라 파트너나 협력 관계로 일하는 입장이라고 본다면 상대방이 나와 잘 맞아야 또 같이 일하게 된다. 두 가지 질문을 드리고 싶다. 나와 함께 일했던 사람들은 나를 또 찾고 있는가? 얼마나 자주 얼마나 오랫동안 찾고 있는가?

생애 가치를 높이기 위한 세 가지 – 준비, 협업, 특별함

　판촉물을 판매하는 업체라면 처음에 구매했던 상품의 품질이 좋아야 다음 번 판촉물을 구매할 때도 또 의뢰한다. 강의를 나간다면 처음 했던 강의가 좋아야 다음에 또 요청한다. 음식점이라면 먹어본 음식이 맛있고 서비스가 괜찮아야 주변에도 추천하고 다음에 또 간다.

　알렉스 로비라 셸마의 'Good Luck'에 나온 것처럼 아무도 관심 갖지 않은 척박한 땅을 일구고 물도 통하게 만든 시드의 토양에서만 네 잎 클로버 씨앗이 싹을 틔우고 행운의 네잎클로버를 만들어 낸다. 준비가 되어 있을 때 기회를 잡는다. 첫 번째 했던 일이 잘 되면 그 후에 또 나를 찾고 반복되면서 계속 가치가 오른다.

외국계기업에서 일하는 내 지인은 30대 후반까지 직장을 네 번이나 옮겼는데 옮길 때마다 연봉이 점프하듯이 올라갔다. 한 번도 스스로 이직을 알아보고 지원한 적이 없고 모두 같이 일하다 다른 직장으로 옮겨 간 동료, 선배들의 추천으로 이직을 했다. 알고 보니 협조가 잘 되고 예의바른 사람이라고 평판이 아주 좋게 나있는 사람이었다.

나를 다시 찾게 만드는데 필요한 또 다른 요인은 같이 일하기 편해야 한다는 점이다. 까칠하거나 부정적이면 함께 일하는 다른 사람에게도 영향이 미치기 때문에 실력이 비슷하다면 일하는데 어려움이 없어야 한다. '혼자 일할 땐 잘 되는데 같이 하려면 문제가 생겨요'라고 말하는 사람이 주의 깊게 생각해봐야 할 문제이다. 제일 중요한 건 하려는 일에 흥미가 있고 잘 할 수 있는 길이 보이는 업이어야 일을 하면서 불가피하게 찾아오는 짜증과 불만이 줄어든다. 일단 하는 일이 싫으면 감정이 부정적이 되기 쉬워져서 사람 관계도 틀어지기 쉽다. 이 점은 사회생활을 어느 정도 해 본 사람이라면 무슨 말인지 금방 이해가 될 거라 생각한다.

같이 일하기 수월하도록 유연하고 실력을 갖추었다면 경쟁자들과 다른 점이 한 가지 있어야 된다. 예전에 이직을 하려고 타사에 입사 지원을 해서 임원 면접을 보는데 장장 50분 가까이 인터뷰를 했다. 예리한 눈을 가진 임원 한 명이 '아는 고객이 몇 명이나 되나?' '그 고객들이 좋아하는 게 뭐냐?' '영어는 어느 정도하나?' '주량이 얼마나 되나?' '영업사원들에게 인기 끄는 나만의 방법이 있나?' 등 계속 파고드는 질문을 했다. 뭐 하나 이거다 싶게 답한 게 없다고 생각했는지 그 면접에서 나는 떨어졌다. 나중에 생각해보니 그 지원자만의 특별한 차별점이 있는지 파악하려고 한 질문이었는데 그 때 나는 요구에 맞추지 못했다. 이미 다시 안 볼 사람이라고 판단을 끝냈는지 당시 면접관으로부터 싫은 소리도 많이 들었다. 비록 결과는 좋지 않았지만 그 일은 나에게 동기부여가 되었다. 지금의 나는 기획력, 구조화, 프로그래밍에 있어서는 경쟁자들과 다른 점을 만들려고 노력하고 있다. '이 사람한테 설명을 들으면 명쾌하게 정리가 된다'는 이익을 주고 싶다.

나에게 5만 원을 지불하는 고객이 아니라 4백만 원, 4천만 원을 지불하는 고객이 만들어지려면 '나'라는 사람의 가치가 그만큼 올라가야 된다. ①첫 거래가 잘 된 사람, ②협업하기 편한 사람, ③이 사람에게는 특별한 무언가가 있다는 인식이 있는 사람. 첫 거래가 잘 되고 협조가 잘 되는 사람이면 또 찾는 건 어렵게 생각하지 않아도 알 수 있다. 여기에 특별함이 더해져야 오래 간다.

'최고의 한 수' 박종세 저자는 비즈니스 전문 저널리스트로서 조선일보 경제부장을 지내고 있다. 그는 세계적인 경영 전문가를 만나며 쓴 책《최고의 한 수》에서 '1만 시간의 법칙'을 담은《아웃라이어》의 저자 말콤 글래드웰과의 인터뷰를 다뤘다. 2009년 뉴욕에서 일어난 '허드슨 강의 기적'은 막 이륙한 여객기가 세 떼와 부딪혀 엔진 고장을 일으킨 뒤 허드슨강에 비상착륙한 사건이다. 당시 관제소에서는 티터버러 공항으로 여객기를 유도했지만 기장 체슬리 설렌버거는 강 위로 착륙을 시도한다. 먼저 승객들을 비행기 날개 위로 대피시키고 기내에 남은 사람이 없는지 끝까지 확인한 후 설렌버거 기장도 날개 위로 올라가 155명의 승객을 구조한다. 말콤 글래드웰은 '허드슨강의 기적'에 대해 독특한 시각으로 분석한다. '설렌버거는 1만 9천 시간이나 비행 경험을 했다.' 1만 9천 시간이라는 경험이 있었기 때문에 보통 사람의 범주를 넘어 뛰어난 성공을 거두었다고 말한다.

(출처 : '최고의 한 수'. 2015. 박종세. p.44~46)

준비, 협업, 특별함 세 가지를 잘 갖춰서 내 생애 가치를 점점 높여야 한다. 이 일을 하려면 ○○○가 있어야 한다는 말 속에 ○○○에 자기 이름이 들어간다면 너무 좋겠다. 장비나 기술이 아닌 나 자체가 그 일에 꼭 있어야 할 요인이라는 건 큰 가치일 것이다.

|요약|

1. 사람들이 나를 또 찾게 만들 만한 요인이 무엇이 있는지 생각해본다.

2. 준비가 잘 돼서 첫 일이 잘 풀리고, 협업이 잘 되며, 특별함이 있는 사람을 또 찾으려고 한다.

3. 일에 꼭 필요한 요인에 내 이름을 넣을 수 있도록 노력한다.

로직트리로
고민 해결하기

#고민해결#로직트리#실천

생각과 고민을 정리하고 푸는 방법

'로직'이란 '추론', '논리', '문제해결' 등과 통하는 단어다. 단어가 주는 어감은 그런데 머리로만 고민하는 것보다 틀을 가지고 고민하면 조금 덜 힘들어진다. 이 때 활용하기 좋은 게 로직트리이다. 로직트리는 나뭇가지가 뻗어나가는 것처럼 보여서 '트리'라는 말이 들어가는데, 한 마디로 생각을 더 자세히 하는 방법이다. 고민하고 있을 때는 생각이 점점 파고 들어가게 마련인데 그럴 때 쓰기에 더할 나위 없이 좋다.

이 방법은 맥킨지에서 개발했다. 맥킨지 컨설턴트들은 컨설팅과 문제해결을 로직트리로 풀어간다고 한다. (출처 : 문제해결 로직트리. 이호철. 2014. p.4)

서른 살, 비전 찾기

시중에 많은 책과 글에서 로직트리를 소개하고 있는데, 아무래도 비즈니스 문제해결을 위해 개발 되었던 게 시작이다 보니 고민 해결을 하는데 쓴다는 건 의아하게 들릴 수 있다. 마찬가지로 비즈니스 기획서를 만들 때 생각이 풀리지 않으면 이 방법을 썼다. 하다 보니 내 문제에 대해서도 풀어보게 되었고, 과거에 내가 고민 많을 때 꽤 효과도 봤다. 어쩌면 삶도 비즈니스와 비슷하지 않을까. 얽힌 실타래를 푸는 것처럼 문제는 늘 생기게 마련이고 그에 따라 고민도 항상 하게 된다. 그걸 풀어가면서 해결하는 건 비슷한 이치이니까 말이다.

내가 이해하지 못했다면 다른 사람도 이해시키기 어렵다

테루야하나코, 오카다 게이코는 둘 다 '맥킨지 앤 컴퍼니'에서 일했던 일본의 컨설턴트이다. 이들이 쓴 저서 '로지컬 씽킹'에는 이런 말이 나온다.

'많은 근거나 방법을 열거해버리면 마지막 부분을 읽거나 듣거나 했을 때 커뮤니케이션 상대에게 가장 처음 들었던 요소는 희미해져 버리는 것이다. 당신의 결론을 상대에게 납득시키기 위해서 너무 많은 수의 요소를 열거하는 건 좋은 방법이 아니다. 4개에서 5개 이하를 기준으로 정리하여 제시한다면 상대도 당신의 논점을 쉽게 이해할 것이다.' (출처 : '로지컬 씽킹' 테루야하나코, 오카다 게이코. 2002. p.172)

남을 이해시킬 수 없으면 나도 이해하지 못했다는 뜻이기도 하다.

그건 고민이 아니라 걱정이다. 쓸데없는 걱정은 최소화해야 한다는 건 너무 잘 알지 않는가. 우선은 내가 나부터 이해시켜야 한다.

로직트리에는 What tree, Why tree, How tree가 있다. 이 중에서 Why tree와 How tree를 통해서 고민을 해결해보겠다. 고민은 왜 하게 됐는지, 어떻게 해결해야 하는지가 중요하니 말이다. 인생을 어떻게 살아가야 할지 고민이라면, 왜 인생에 대해 고민하게 되었는지? 어떻게 인생을 잘 살아야 할지 두 가지로 정리해볼 수 있다.

아래 그림은 내가 인간관계로 고민할 때 작성했던 로직트리의 일부이다.

먼저 Why tree이다.

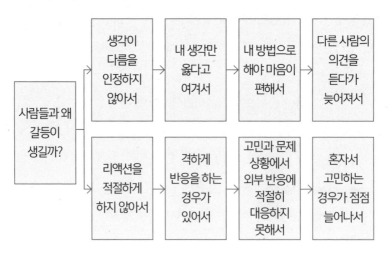

이렇게 Why tree를 통해서 나온 것 중 하나를 뽑아 How tree를 작성했다.

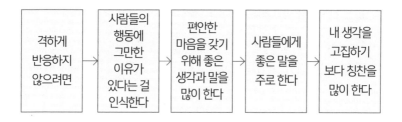

해결방안 만들고 싶은 항목을 하나 선정해서 세부적으로 생각을 정리해가면 된다. 맥킨지에서 근무했던 일본 컨설턴트들이 말했듯 4~5단계를 넘기지 않았다. 단계가 깊어지면 너무 지엽적인 것까지 생각해내느라 본질을 잊을 수 있다. 적정 수준에서 결론을 도출해주는 게 필요하다.

또 다른 예를 살펴보면 만약 이성 문제에 대해 고민하고 있다면 다음과 같이 Why tree를 작성해볼 수 있다.

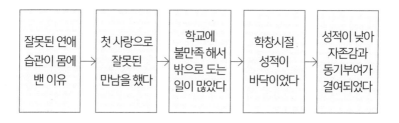

이렇게 원인을 분석한 후에 자존감을 높이고 동기부여를 할 수 있는 방안을 How tree로 작성하면 된다.

비전 찾기와 미래에 대한 고민을 하는 중이라면 다음과 같은 주제로 해보기를 추천한다.

"나는 왜 직업 찾기가 어려운가?"

"나는 왜 하고 싶은 일이 없을까?"

"나는 왜 미래가 걱정 되는가?"

인간관계에 대해 고민한다면 다음과 같은 주제를 권한다.

"나는 왜 혼자가 편할까?"

"나는 왜 여러 사람과 함께 있을 때만 신이 나는가?"

이성문제에 대해 고민한다면 아래 질문으로 정리해보길 바란다.

"나는 왜 외로움을 느끼는가?"

"나는 왜 남자(여자)친구와 문제가 생기는가?"

"나는 왜 남자(여자)친구가 생기지 않을까?"

미래에 대한 고민이든, 인간관계에 대한 고민이든, 이성문제에 대한 고민이든 무슨 주제든 정해서 일단 해보는 게 좋다. 해보면 별로 어렵지가 않다. 오히려 머리로만 고민할 때보다 정리가 잘 돼서 기쁘기도 하다. 로직트리를 하는 것보다 더 중요한 건 결론이 나왔으면 행동으로 옮겨봐야 한다. '원만한 인간관계를 위해 사람들에게 칭찬을 많이 하겠다'라고 방안을 도출했으면 실제로 칭찬을 해야 한다. 안 해볼거면 로직트리를 작성한 의미가 없다. 종이에 그려보고 책상 서랍속으로 쑥 들어갈 거라면 아예 시도하지 않은 것과 다름없다. 해봐야지 제대로 해결했는지 아닌지를 알 수 있다. 사회나 타인에게 해를 끼치는 행동만 아니라면 꼭 해보길 바란다.

그리고 로직트리를 작성할 때 생각이 끊어지는 경우가 있다. 그럴 때는 혼자서는 생각이 안 떠오르는 지점부터 친구나 동료에게 그들 생각으로 이어달라고 요청하는 것도 좋은 방법이다. 나 혼자서 고민할 때보다 생각이 확장된다. 타인의 생각을 듣는 것도 효과적인 방법이며 특히 How tree를 작성할 때 도움이 된다.

고민 해결을 위한 로직트리를 할 때 해결 방안이 나오면 꼭 실행해보는 것, 생각이 막히면 다른 사람의 도움을 받아보는 것, 이 두 가지를 꼭 기억해주길 바란다.

|요약|

1. 고민 있을 때 4~5단계 로직트리를 그려본다.

2. 더 이상 새로운 생각이 나지 않을 때는 다른 사람 생각을 빌려 이어나가 본다.

3. Why tree에서 도출한 요인 중 선별해 How tree를 작성한다.

업 찾기
SWOT분석

#SWOT#약점#버리기

정보를 보기 쉽게 기록하는 방법

강점과 외부상황을 뽑았다면 기록해 두는 게 필요하다.

SWOT분석은 기업에서 주로 쓰는 분석 방법인데, SWOT분석을 할 때 A4 종이 한 장에 4개의 칸으로 나누어진 표가 있고 S, W, O, T 라고 써 있는 경우가 있다. 비어있는 칸을 채우라고 하는데 사실 이렇게 뚝딱 하고 나올 수 있을 만큼 쉽진 않다.

이 작업의 좋은 점은 기억 용량이 한정돼 있기 때문에 모든 정보를 기억해야 하는 불가능을 극복할 수 있다는 점이다. 정보를 일기 쓰듯이 서술형으로 기록해놓으면 추후에 다시 살펴볼 때 얼른 눈에 들어오지 않는다. 보기 쉽게 기록해 놓아야 효과적이다.

취업을 위해 자기 소개서 쓸 때도 항목 당 500자씩 대여섯 개 항목을 작성하곤 한다. 쓰다보면 나에 대해서 이렇게 아는 게 없었나 싶

서른 살, 비전 찾기

다. 이 정도 쯤이야 라고 생각했다가 막상 쓰려면 알고 있는 게 바닥이 나곤 한다. 항목에 맞춰 칼 같이 정리해놓지는 않았다 해도 장점, 단점 등에 대한 사례 정도는 어딘가에 적어두고 필요할 때 바로 꺼내보는 게 시간도 줄이고 체계적인 정리가 가능하다.

기록은 매우 중요하다. 정보가 없어서 활용 못하는 세상이 아니기 때문에 중요한 요점은 반드시 남겨야 한다. 그리고 개인의 강점과 약점을 연결하여 이를 기록하는 좋은 수단이 바로 SWOT분석이다. 다음은 올 해 안에 책을 한 권 내고 싶다는 주제로 한 SWOT분석이다.

외부요인	O	하고자 하는 일과 관련된 긍정적인 것(positive)	·학력, 어학, 학점보다 스토리가 있는 사람도 인정 받을 수 있는 시대가 되었다. ·개인이 SNS를 활용하여 자기 홍보를 할 수 있다. ·글로 표현하는 역량이 힘이 되는 시대이다. ·온라인 등 환경이 발달하여 구매 및 유통이 쉬워졌다.
	T	하고자 하는 일과 관련된 부정적인 것(negative)	·책 뿐만 아니라 정보를 얻을 수 있는 경로가 다양해졌다. ·책을 구매하는 사람들이 예전에 비해 많이 줄었다. ·경기불황으로 기업에서도 도서지원비가 줄었다.
내부요인	S	내가 일 할 수 있도록 도와주는 것	·주변에 글을 쓰는 사람을 열 명 이상 알고 있다. ·글쓰기 모임이나 강좌 등에 참여할 여유가 있다. ·하루에 일정 시간을 나를 위해 투자할 수 있는 상황이다. ·부모님이 나를 지원해 주신다.
	W	내가 일 할 수 없게 힘들게 만드는 것	·아르바이트로 매일 수 시간을 밖에서 보내야 한다. ·집 주변 공사로 소음이 있어 집중하기 어려울 때가 있다. ·산만한 면이 있어서 오래 앉아 있는데 어려움이 겪는다.

〈작성일자 : 2019. 02. 06〉

내부요인에서 강점인 Strength를 '내가 일 할 수 있도록 도와주는 것', 약점인 Weakness는 '내가 일 할 수 없게 힘들게 만드는 것'으로 기록해본다. 외부요인인 기회 Opportunity는 '하고자 하는 일과 관련된 긍정적인 것', 위협 Threat는 '하고자 하는 일과 관련된 부정적인 것'을 넣어준다.

약점을 버리는 전략을 세울 수 있는 SWOT분석

SWOT분석을 작성해서 얻는 가장 큰 이점은 약한 점을 커버하는 전략을 세울 수 있다는 점이다. 기질이라는 건 없어지는 게 아니다. 평생 동안 가져가는 것이다. 극복하려하기보다 버리거나 대책을 찾는 게 낫다. 앞의 표의 마지막 줄에 산만한 성향이라는 건 글을 쓰는데 좋지 않은 성향이다. 평소에도 스스로 알고 있었겠지만 한 번 더 작성해보면서 정리가 된다. 산만하기 때문에 글을 쓰는 일을 주 업무로 하지 않는다거나 정 어려움을 느끼면 음악을 듣거나 TV를 보거나 정신 집중하는데 방해 되는 일은 줄이겠다는 계획도 세울 수 있다.

다음은 제약회사에 입사 지원자의 자기 SWOT분석이다. 자기소개서에 단점은 약화시키고 장점을 부각시켜 써야할 때 참고할 수 있다.

외부요인	O	직무와 관련된 긍정적인 것(positive)	·정부의 바이오 헬스 산업에 대한 지원 확대 ·'헬스 케어 산업'으로 범위가 확대되고 있음 ·제약회사들의 대규모 글로벌 계약건이 알려지며 인식이 확대되는 추세임
	T	직무와 관련된 부정적인 것(negative)	·아직은 일반인에게 어려운 산업으로 알려져 있고 특수분야로 인식됨 ·제약 영업은 3D 업종이라는 편견이 있음 ·이직 시 업종 간 이동에 제약이 생길 수 있음

내부요인	S	내가 일할 수 있도록 도와주는 것	·관련 학과를 전공 했음 ·영어 의사 소통이 가능 ·활발하고 대인관계에 능숙함
	W	내가 일할 수 없게 힘들게 만드는 것	·토익 점수를 취득해야 함 ·분석적인 일보다 직관적인 일에 강함 ·부양할 가족이 있어 빨리 취업해야 함

〈작성일자 : 2019. 02. 06〉

상황이 어렵다고 고민만 하지 말고 복잡한 생각을 정리해볼 수 있는 툴이 있다면 활용하는게 좋다. 기업에서 일을 하든지, 자기 일을 하든지 기획서 한 번쯤은 쓰게 된다. 회사나 상품을 위한 기획서는 많이 써봤는데, 지나보니 나에 대한 기록은 왜 하나도 없을까?라는 생각을 많이 했다. 순간을 기록하는 메모보다 지속적이고 전략적인 방법으로 남기는 게 더 효과적이다. 왜냐면 나는 어떤 사람이고 무엇을 잘 할 수 있는지, 그리고 환경은 어떻게 변화하고 있는지는 한 시기로 끝나는 것이 아니라 매 순간 언제든지 바뀔 수 있기 때문이다. 특히 하고자 하는 일에 대해 외부요인과 관련된 건 주기적으로 업데이트 해주면 좋다. 또 작성일자를 기재해 두면 시간이 지나서 보게 됐을 때 '내가 언제 이런 생각을 했지'라며 재미도 느낄 수 있다.

|요약|

1. 강점, 약점, 도와주는 것, 도움이 안 되는 것 목록을 적어본다.

2. 기질적인 강점은 최대한 살리고 약점은 안 보이게 한다.

3. 분석한 날짜를 기록해두고 주기적으로 업데이트 한다.

자신을
드러내는 법

#부족한점#잘하는점#표현

좋은 점을 더욱 돋보이게 만들기

나를 드러내는 건 기회를 잡는 일과 같다. 나를 잘 표현하면 사람들 기억에 남고 기억에 남기면 나를 찾게 되는 기회가 한 번이라도 더 생긴다. 그 기회를 잡아 성취를 하면 그걸 통해서 또 퍼져나간다. 없는 걸 있다고 해서도 안 되지만 있는 걸 없게 보여서도 안 된다. 먹고 싶게 익은 탐스러운 과실처럼 가지고 있는 좋은 점이 더 돋보여야 한다. 보석 같은 재주를 가지고 있어도 내가 누군지 모르면 아무도 찾지 않는다. 한 번 나를 찾게 되면 그걸 통해 잘 하는 걸 확실하게 보여줄 수 있는 기회가 되고 그 첫 걸음이 나를 드러내는 일이다.

취업에서도 자기 소개서가 중요하다고 말한다. 기사들을 봐도 '의리를 잘 지키는 ○○○', '주변 사람들에게 상냥한 인맥 넓은 □□□', '기부를 자주 하는 ◇◇◇' 등 사람을 표현하는 문구나 멘트를 쉽게 찾아볼 수 있다. 그렇게 알려진 특징을 통해 그 사람은 어떤 사람이라는 게 부각된다. 평판을 정리했든 가지고 있는 고유의 장점을 부각시켰든 '이 사람은 누구다'라는 게 있는 것과 없는 것은 '나'라는 사람에 대한 인식을 바꾸기도 한다. 네트워킹이 점점 많아지고 한 사람하고만 관계를 맺으며 살아갈 수 없는 시대다. 설명을 펼쳐놓는 것보다 한 가지 포인트를 부각시키는 게 보고 듣는 사람 입장에서 쏙 들어오는 표현법일 수 있다.

이직을 하려고 외국계 회사 두 군데 면접을 본 적이 있다. 경력사원 면접은 신입보다 훨씬 심층 면접을 하게 되는데 두 회사 간에 대조되는 흥미로운 경험을 했다. 한 군데는 유럽계 회사였고 다른 한 군데는 미국에 본사를 둔 한국 법인이었다. 둘 다 임원 및 대표이사가 면접관으로 들어오는 심층 면접이었다. 이름 있는 회사인 만큼 질문도 예리했다. 각각 따로 본 면접이었지만 비슷한 질문을 했었고 그 중 하나가 기억에 남는다.

유럽계 회사 임원이 이런 질문을 했다. '잘 하는 건 지금 말한 것과 같고, 자기 자신에게 더 계발해야겠다고 생각하는 것 있으면 말해보세요.' 나는 제약회사에 다니고 있어서 '최신 논문이나 학계 지식에 항상 관심을 갖고 공부를 해야 한다고 생각합니다.'라고 말했다. 임원은 또 이렇게 말했다. '본인에게 그런 게 부족하다고 생각해요?' 취업 인터뷰에서 지원자가 을의 입장이긴 하지만 물어본 질문에 답한 것 뿐인데 면접관의 이어지는 답변에 좀 당황스러웠다. 그래도 침착하게 '최신 정보는 날마다 쏟아지는데 제약회사 사업부서에 있으면서 새로운 지식 습득은 지속적으로 해야 한다고 생각 합니다'라고 답했다. 답변이 타당하다고 생각됐는지 그 후 이 질문에 대한 추가 질문은 더 없었다.

이후에 미국 본사가 있는 회사의 한국 법인에 면접을 갔는데 이런 질문이 있었다. '자신을 점수로 표현한다면 1점부터 100점까지 몇 점 정도라고 생각하나?' 답변이 폭이 너무 넓어서 순간 매우 고민했다. 이 글을 읽고 있는 분들도 이런 질문에 뭐라고 답할지 참 궁금하다. 잠시 시간 내서 각자 한 번 생각해봤으면 한다. 나는 3초 정도 고민 후에 '90점 이요'라고 답했다. 그러자 이어지는 면접관의 피드백은 '음…… 100점이라고 생각하지 않네?'였다. 마음이 철렁 내려앉았다.

'자신에게 부족한 것', '자신을 점수로 표현한다면'. 약간의 부족함을 어떻게 표현하는지 관점에서 두 질문이 비슷한 느낌이 있다. 또한 정답도 없다. 특히 미국 회사 임원의 답변에 관심이 갔는데 100점이라고 패기 넘치게 답하는 걸 원했던 이유가 궁금했다. 이 일이 있고난 후 나는 남들 앞에서 자신을 드러내는 법에 관심을 가지게 되었다.

짧고 여운 있게 전달하는 자기표현

조윤제 작가는 동양고전을 원전으로 읽으며 인문학과 감성능력이 인재들에게 필요하다는 통찰을 했다. 이를 저서 '인문으로 통찰하고 감성으로 통합하라'로 집필한다. 그는 책에서 간략하면서도 핵심을 찌르는 말을 하는 것은 누구에게나 어렵다고 말한다. 핵심을 파악하지 못한 이야기는 군더더기가 붙게 되고 지루해진다. 하버드대학교의 교육 목표 중 하나가 지루하지 않은 사람으로 키우는 것이라고 전한다. (출처 : '인문으로 통찰하고 감성으로 통합하라'. 조윤제. 2012. p.217)

긴 설명이 필요할 때가 있고 짧고 영향력 있는 표현이 필요할 때가 있다. 자신을 드러낼 때는 간결하고 여운 있는 표현이 필요하다고 생각한다. 나는 과거에 있었던 나쁜 기억을 잘 잊어버리는 편이다. 괴롭고 힘들었던 기억은 특히 잘 잊는다. 그런 것까지 다 기억하면 너무 힘드니까 뇌가 알아서 잊어주는 것 같다. 이건 나름대로 내가 정리한 정의였는데 알고 보니 '잊는다'는 건 기억의 흔적이 지워진 게 아니라 기억의 인출이 억제된 결과라고 한다. (출처 : '망각의 기술'. 이반 이스쿠이에르두. 2017. p.220) 잊는다는 게 나쁜 것만은 아니라는 걸 알고 나서 이걸 활용해보기로 했다.

'툭툭'이라는 두 글자로 표현했다. 툭툭 털고 거기서부터 다시 시작한다는 뜻이기도 하고 안 좋은 일을 겪었거나 소소한 실패를 했을 때 다시 일어선다는 강인함의 표현이기도 하다. 또 털털한 사람이라는 인상을 주기도 한다. 실제로 나는 되게 꼼꼼한 사람이다. 그렇다고 사소한 데 집착하지는 않는다. 적당한 선에서 이해할 건 이해하고 도저히 아닌 것만 관계를 정리 한다. '툭툭'이라는 단어가 주는 이런 느낌을 살려 나를 표현하고 여기에 어울리는 일화나 사례 등을 소개하기도 한다. 이 표현이 좋은 점이 또 있다. 툭툭(Tuk-Tuk)은 캄보디아 여행할 때 타는 이색적인 교통수단이다. 오토바이 같은 장비에 가마처럼 생긴 걸 올려서 승객을 태운다. 앙코르와트 곳곳을 돌아다니면서 유적지 간 장거리 이동을 손쉽게 단축시켜 준다. 당연히 전문기사가 있고 좋은 툭툭 기사를 만나면 훨씬 행복한 여행을 할 수 있다. 택시나 단체 관광버스보다 운치 있고 낭만도 더 하다. 이렇게 여행객에게 추억을 안겨주는 Tuk-Tuk과 발음이 같다. 나를 드러낼 때 양념처럼 같이 설명해주기 좋은 스토리다.

자신을 잘 드러내면 이익이 돌아온다. 잘 하는 걸 잘 한다고 하면 누구도 비난하지 않는다. 못 하는 건 겸손하게 표현해야겠지만 못 하는 걸 잘 한다고 해서도 좋은 결과를 얻기 어렵다. 조심스럽게 그 선을 정하는 게 자신을 표현하는 방법이 된다.

앞서 말한 두 군데 면접 후에 깨달았다. 나를 표현한다는 건 실제로 '나'중심이 아니라 '타인' 중심이다. '허허 100점이라고 말하지 않네.'라고 정곡을 찌른 면접관은 미국계 기업에서 20년 이상 근무해오며 대표이사 자리까지 올랐다. 일에 있어서는 뼛속까지 미국식 철저함과 냉정함으로 무장된 사람이었다. 국적은 한국인이어도 그 사람의 스타일은 미국 회사 분위기에 맞춰져 있었다. '90점은 내 실력이고 10점은 보완해 가기 위한 노력이다'라고 아무리 부연 설명을 해도 한국적인 겸손함은 그 자리에 적합하지 않았다. 경력사원 면접에서는 직무뿐만 아니라 면접관의 배경에 대해서도 충분히 알아가야 한다. 특히 같은 업계로 이직하는 경우엔 더 그렇다. 이런 질문에서 나를 제대로 표현하려 했다면 질문자의 의도에 명중시켜야 했다. 심플하게 표현해야 하는 것도 그래서 필요하다. 상대방은 나에 대해 빨리 파악하고 싶어 하고 흥미로운 방식으로 알고 싶어 한다. 사생활에서 나오는 특정 습관은 다수의 사람들 앞에서 보여주기 어려운 면이 있다. 나에 대한 평판이든 내가 생각하기에 잘 하는 것이든 다수의 사람들을 대할 때 효과적으로 전달할 수 있는 표현을 꼭 한 가지씩 만들었으면 좋겠다. 자신을 드러내는 법도 그렇게 경쟁력으로 활용했으면 한다.

| 요약 |

1. 가장 잘 하는 점을 한 마디로 표현해보자.

2. 서술식 보다는 실사례를 생각한다.

3. 자신을 드러내는 건 '나'중심이 아닌 '타인'중심이다.

자료 분석 및
정리 스킬

#자료정리#3단글쓰기

문서로 자료 정리하기

조사 및 분석한 자료를 읽고만 넘어가면 남는 것이 별로 없다. '그 동안 내가 뭘 했지?'라는 생각이 들 때 손에 남을만한 게 있어야 된다. 한 건 많았는데 펼쳐놓고 보니 막상 별 게 없는 거 같은 느낌. 추후에 그런 허무한 감정이 들지 않으려면 해왔던 걸 잘 정리해야 한다. 텍스트라기보다는 정돈된 문서로 남길 필요가 있다.

공부두뇌연구원을 운영하는 정신과학의학 전문의 노규식 박사는 뇌에 따른 공부 유형에 대해 말했다. '시각적인 걸 잘 보는 사람과 청각적인 걸 잘 보는 사람이 있다. 말로 설명해줘야 이해하는 사람들이 청각형이다. 반면 공부했을 때 봤던 페이지가 그대로 떠오르는 사람이 있는데 이런 사람이 시각형이다.'

내가 전형적인 시각형 학습을 하는 사람이다. 책을 공부하고 나면 유심히 봤던 페이지의 굵은 글씨부터 헤드타이틀, 작은 글씨, 전체 구도 이런 것들이 사진을 찍은 것처럼 기억에 남는다. 반면에 오디오나 청각만으로 학습한 건 기억에 많이 남지가 않는다. 받아 적거나 스크립트를 만들어 공부를 해야 한다. 학습 방법이 이렇다보니 자료 정리를 할 때 문서를 남기는데 익숙하다. 직장에서도 사업을 할 때도 다른 사람과 정보 공유를 할 때도 문서를 근간으로 움직인다. 앞에서 조사한 내용을 정리해두어야 손에 남는다고 말한 이유가 이 때문이다. 회사에서도 보고 하기 전에 문서를 먼저 메일로 보내라고 하는 경우가 있어 자료 정리가 꽤나 중요하다고 본다. 따라서 여기서는 문서 형태의 자료 정리 방법에 대해서 말씀드리겠다.

기본적이면서 중요한 3단 글쓰기

우선 자료는 서론-본론-결론의 형태로 나눠서 정리하는 게 좋다. 기승전결 흐름을 볼 수 있고, 또 생각이 쏟아질 때 누락되는 것 없이 다 챙겨 담을 수 있다. 진부하게 들렸을지 모르지만 3단계로 나누어 정리하는 건 초등학생에게 글쓰기를 가르칠 때도 알려줄 정도로 중요한 개념이다.

'일하는 문장들' 저자 백우진 작가는 언론사와 기획재정부 등에서 기사와 자료를 작성하며 글쓰기에 대해 궁리하고 강의해왔다. 그는 저서에서 두괄식으로 작성하는 것을 어찌 보면 센스의 문제라고 말한다. 직장인 문서가 지켜야 할 TPO에서 T는 '대상(Target)'이다. 두괄식, 논리, 어법, 간결함, 도표, 스타일에 신경 쓰라는 이유는 '대상'

이 내가 말하고자 하는 바를 효율적으로 정확하게 파악하도록 하는 것이라고 말한다. (출처 : '일하는 문장들'. 백우진. 2017. p.7)

이렇게 대상을 생각하며 3단으로 작성하면 이해하기 훨씬 용이해 진다. 자기가 하고 싶은 일을 찾아 정리할 때도 크게는 ①어떤걸 할 때 가장 좋은지 - ②구체적인 활동은 무엇이 있는지 - ③무엇을 하고 싶은지 순서로 정리해두면 좋다. 사전에 풍부한 자료 조사와 고민이 있어야하지만 여기서는 우선 정리하는 방법 위주로 보겠다. 글쓰기 전문가가 되고자하는 사람의 자료 정리표를 예시로 든다.

서론	나는 글을 쓸 때 가장 즐겁다	1. 글쓰기는 왜 필요한가 2. 글로 남긴 기록물의 가치 3. 말보다 글이 필요한 현대 사회의 특징
본론	글쓰기에는 어떤 것이 있는가?	1. 설득형 글쓰기 - 기획서, 보고서 2. 커뮤니티 글쓰기 - 블로그 3. 저작권이 있는 글쓰기 - 책, 기사 4. 기록형 글쓰기 - 일기, 다이어리 5. 주관적 글쓰기 - 메모
결론	나는 전문적으로 글을 쓰는 일을 하겠다.	1. 글이 필요한 사람들의 Needs 파악 2. 글쓰기 클래스의 1년 후, 5년 후 비전 3. 글쓰기 전문가로서의 포부

이렇게 정리해놓고 다음 페이지에 상세 내용을 기술하는 식으로 정리하면 보기에 편하다.

서른 살, 비전 찾기

자기소개나 SWOT분석, U.S.P.처럼 자주 쓰는 정보가 있다면 파워 포인트를 이용해서 깔끔하게 작성한 파일을 따로 보관하는 게 필요하다. 자기소개서는 지원서나 제안서를 작성할 때 그대로 가져다 쓸 수 있고, SWOT분석이나 USP는 홍보나 마케팅 등에 이용할 수 있다. 이 때 자료를 찾느라 폴더를 어지럽게 드나들며 찾는 것보다 자주 사용하는 목록은 찾기 쉽게 관리하는 게 좋다.

'에버노트 라이프'를 쓴 홍순성 저자는 자료 정리에 대해 이렇게 말했다. '쌓아둔 자료는 언젠가는 활용될 것이라 생각하지만, 실제 제대로 사용할 확률은 높지 않다. 왜냐하면 필요할 때는 또 다시 처음부터 검색을 통해 자료를 찾기 때문이다. 수집된 자료에 대해서 적절한 활용 방안을 마련하는 것이 중요하다. (출처 : '에버노트 라이프'. 홍순성. 2012. p.68)

필요할 때 바로 생각나서 언제든지 쉽게 가져다 쓸 수 있게 따로 모아두어야 할 필요가 있다. 공부를 할 때도 중요한 학습 내용은 정리해두었듯이 자료 정리도 '모으기 학습'이 있어야 한다.

이런 과정에서 쪼개보는 분석 능력이 키워진다. 자료를 정리하면서 더 깊이 들여다보게 되고, 분석을 하다보면 자연스럽게 어떤 식으로 정리하면 한 눈에 들어올지 감을 잡게 된다.

내가 누구인지도 한 번쯤 정리해봐야 나도 나를 알 수 있다. 처음에는 일기 쓰듯 생각나는 대로 썼다면 서서히 체계를 갖추었으면 한다. 이력서를 썼더니 주요 이력이 1~2년 사이에 만들어진 게 대부분이라고 가정해보자. 생각만 했을 때는 꽤 오래 일한 줄 알았는데 정리해놓고 보니 그리 오래 일한 경력이 아니었다. 머릿속으로 생각만 할 때보다 분석하고 정리했을 때 훨씬 객관적으로 보게 된다. 내가 무엇을 잘 할 수 있는지, 어떤 일은 할 수 있고 못하는지 필요할 때 수시로 확인할 수 있도록 정리해두는 걸 추천한다.

|요약|

1. 분석한 자료는 정리해두어야 활용도가 높아진다.

2. 글로 써놓고 보면 주관이 개입되지 않고 객관적으로 정보를 파악하는데 도움이 된다.

서른 살, 비전 찾기

5장

—

꾸준한 실천을 위한
비전 확정하기(Confirming)

나는 어떤
사람인가?

#확정#관계#한줄표현

상황과 관계 속에서 나 찾기

환경을 분석한 후 확정하는 첫 단계는 나는 어떤 사람인지 규정하는 일이다. 인터뷰를 하거나 사람들을 만나 자신이 어떤 사람인지 한 줄로 표현할 수 있냐고 물으면 생각보다 바로 답하는 사람이 많지 않다. 내가 어떤 사람인지 안다는 건 나에 대한 고민이 깊다는 뜻이다. 또 그걸 표현할 수 있다는 건 그만큼 확신에 차있다는 의미이기도 하다. 자신의 정체성은 남이 정해주는 게 아니라 스스로 만들어 간다.

웨스트민스터대학 미디어커뮤니케이션학과 데이비드 건틀릿 교수는 저서 《커넥팅》에서 인적 자본과 사회자본에 대해 언급했다.

인적 자본의 발달은 '관계'에 기대고 있다. 가족을 비롯한 우호적인 네트워크 안의 관계가 중요한 영향을 미친다. 사회자본은 어떤 환경에서든 개인을 넘어서는 관심을 갖고 보조적이고 협력적인 행위

서른 살, 비전 찾기

에 참여하려는 사람들로부터 비롯된다고 말한다. 그렇게 하는 이유는 보상이나 도움을 받기 위함이 아니라 그것이 좋은 일이라고 믿어서이다. (출처 : '커넥팅'. 데이비드 건틀릿. 2011. p.175)

내가 어떤 사람인지 알기 위해서는 사람들과의 관계 속에서 특정 상황에 놓였을 때 어떤 반응을 보이는지 생각해보면 된다. 어쩌다 일어나는 상황을 일반화시킬 수는 없지만 반복되는 패턴이 있는지, 위기 상황이 있을 때 위축되는지 도전하는지, 행동력이 빠른지 신중한지, 소신 있는지 다수를 따르는지 등 스스로 돌아볼 수 있어야 한다.

몇 가지 경우를 살펴보자.
다음과 같은 상황에서 어떻게 반응하는가?
- 문제가 발생했을 때 빨리 해결하고 싶은데 사람들이 그와 반대되는 의견을 내는 경우
- 상대방이 과도하게 감정 표출을 하는 경우
- 불법적인 일을 꾸며내라고 강요받는 경우
- 친한 사람이 내키지 않는 부탁을 하는 경우
- 도덕적으로 허락하지 않는 일을 한 후 괴로움을 느끼는 경우
- 사적으로 잘 해주면서 원하는 걸 얻어가려는 경우

스스로 질문해보자
- 생각하는 걸 빨리 행동하는 편인가, 주변과 보조를 맞추는 편인가?
- 상대방이 과도하게 감정 표출을 할 때 같이 맞붙는 편인가, 일

단 감정을 가라앉힌 후 대화를 하도록 자리를 피하는 편인가?

· 있어서는 안 될 일을 지시할 때 따르는가, 거부하는가?

· 친구 일이고 본인 또한 조직에서 살아남아야겠다고 생각하면 감춰줄 수 있는가, 아니면 소신 있게 행동하는가?

· 우유부단한가, 결단력 있게 행동하는가?

· 정신없는 상황에 일어난 일이고 주변에 보는 눈 때문에 마지못해 하는 경향이 있는가?

이보다 훨씬 더 많은 상황이 삶에서 존재하고 그 때마다 대처하는 방식이 모두 다르다. 내가 어떻게 행동하는지 잘 생각해보고 따로 적어놓는 것도 좋다.

자신을 알리는 단순하고 직설적인 표현

상황을 접했을 때 내 성향과 행동이 어떤지, 또 어떤 사람과 어울리는지를 분석해봤으면 한 마디로 정리해볼 필요가 있다. 표현을 잘 만들어두면 '자신을 소개해보세요'와 같은 요청에 어렵지 않게 답할 수 있다. '저 사람 어쩌면 저렇게 소개를 잘 하지. 대단하네'라는 사람이 내가 될 수 있다. 또 직무나 분야에 맞게 적절하게 변형하면 면접 때 자신을 드러내는 데 쓰일 수도 있다. 모임이나 커뮤니티 활동에서 신입회원 소개 자리에서도 즉흥적으로 자기소개를 시켜도 술술 말하는 사람이라는 인상을 줄 수 있다. 그리고 유명해져서 누가 나를 인터뷰하러 왔을 때도 직무나 직위에서 벗어나 멋있는 멘트로 나를 보여줄 수 있다. 이 밖에도 한 마디 표현의 활용도는 너무나 많다.

'마음을 움직이는 한 줄의 카피 쓰기' 저자 박상훈 카피라이터는 한겨레 문화센터에서 '매력적인 한 줄 쓰기' 강의도 하며 한 줄 메시지에 대해 연구하고 있는 전문가다. 그는 책에서 '필승', '단결'보다 '이기자'가 구체적이며, '영원히 너를 사랑해'보다 중국인들의 '1만 년 동안 너를 사랑해'가 더 구체적이라고 말한다. 구체적인 말, 작은 말을 발견해야 한다고 말하며 저자는 한 줄 카피에 대한 중요성을 언급했다. (출처 : '마음을 움직이는 한 줄의 카피 쓰기'. 박상훈. 2014. p. 164~165)

내가 어떤 사람인지 개념으로만 알고 있는 상태에서 끝나지 말고 메시지로 작성해보길 바란다. 장황하지 않게 표현하려는 바가 직설적으로 전달 되게. 그렇게 분석해서 나온 나의 한 줄 메시지는 이렇다.

'결단력 있고 깊게 생각하는 실전 기획자'

나에 대한 확신을 가질 수 있고 남들도 설득할 수 있는 메시지를 꼭 만들어 가졌으면 한다.

| **요약** |

1. 자신이 어떤 사람인지 정의해본다.

2. 사람들과 관계 속에서 어떤 반응을 보이곤 하는지 곰곰이 살펴본다.

3. 전달력 있는 한 줄 표현으로 만든다.

비전 찾기 정점,
일정 계획하기

#납기준수#나만의방법

한 단계 앞으로 나가기 위해 필요한 일정 계획

일정을 잡아야 할 일을 한다. 왜 이걸 정점이라고 표현했냐면, 하루하루 하려고 했던 걸 미루다보면 안 하는 게 더 많아지기 때문이다. 분명히 그 일을 하려고 생각한 이유가 있을 텐데 시간이 지나고 안 하다보면 나중에는 이유조차 희미해진다. 결국 내 수첩에서, 앱에서, 메모장에서 지워버린다. 자료를 만들어서 프레젠테이션을 하기로 했는데 자료를 만들지 않았다는 건 프레젠테이션도 안 하겠다는 뜻이다. 큰일을 놓치고 마는 것이다. 소소한 일이라도 일단 해놓으면 그 다음 단계로 발전 했을 텐데 안타까운 일이 생긴다.

일정과 관련해서는 내 얘기를 좀 해드려야 할 것 같다. 일정 관리라는 건 자기와의 싸움인데 나도 일정을 철저하게 지킨 편이 아니라서 그 동안 어려움을 겪은 적이 있다.

예전에 무리한 요구를 하는 고객이 있어서, 이 고객의 의견을 어떻게 해결해야 할지 논의 하는 과정이 있었다. 영업, 마케팅, 연구 개발, 구매팀까지 모두 모인 일이었다. 당시 그 고객이 회사에 제안을 해 온 게 있었는데 그게 진행을 시키기에 어려움이 있었다. 그냥 두자니 큰 고객을 잃을 수 있겠고, 추진하자니 손해를 감수할 수는 없었고 어떻게든 방안을 마련해야 했다. 그 과정에 자료를 하나 검토해야 할 일이 있었는데 그 때 그 일을 내가 맡게 됐다. 팀장은 출장 가기 전에 즉시 그것부터 하라고 나에게 당부 하고 떠났다. 그러나 빨리 하지 않고 일정을 넘겨버린 나는 출장 갔다 돌아온 팀장에게 크게 한 소리를 듣고 말았다. "박과장, 그거 했어?" "아뇨. 아직이요… 그게…….""왜 안했어! 어!" 이게 일정을 지키지 않은 나의 최후였다. 그때는 회의실을 쩌렁쩌렁하게 울리던 그 목소리가 원망스러웠다. 하지만 생각해보니 나는 내 중심으로 일을 하고 있었다. 분명 사람들이 다 같이 하고 있던 일이었고 모두 결과를 알고 싶어 했는데 난 그 약속을 지키지 않았다. 그 후 간신히 해서 공유를 했지만 늦은 만큼 올리지 못한 일의 수준에 대해서 또 한 번 야단맞는 결과를 낳았다.

하려고 한 걸 안 해두면 다음에 더 급한 일이 생긴다. 시간 약속은 일에 치이지 않게 하기 위한 나에 대한 배려. 그 일이 있은 후 매일 해야겠다고 생각하는 일들은 포스트잇에 적어 책상 위에 붙여 둔다. 하나씩 완료할 때마다 떼어서 버리는데, 포스트잇이 많이 붙어 있다는 건 그만큼 일을 미루고 있다는 뜻이다. 그렇게 한 이후부터 책상 유리에 붙어 있는 포스트잇의 양을 보고 일을 얼마나 잘 처리하고 있는지 점검한다.

인간관계 이론에 선구자적인 역할을 한 데일 카네기는 《카네기 경전》에서 시간 낭비는 돈 낭비보다 더 비참하고 잔혹하다고 전한다.

카사티 부인은 세 아이를 키우는 주부이면서 엔지니어인 남편의 비서, 회계-인사 담당자, 조수로서의 역할까지 수행한다. 집안과 정원을 항상 정돈하고 남편 일을 돕는 등 다른 사람의 두 배쯤 일을 하면서도 무척 정돈된 가정생활을 꾸려 나간다. 카사티 부인은 청소를 하거나 아이들에게 우유를 줄 때도 업무효율 높이는 방안을 고민한다. 가능한 짧은 시간 안에 업무를 처리하도록 노력하면서 자신이 좋아하는 일에 시간을 쓸 수 있게 만든다. (출처 : 카네기 경전. 데일 카네기. 2008. p.522~523)

일정 준수는 나를 위한 일이다

데일 카네기는 예화에서 카사티 부인이 많은 일을 할 수 있는 이유는 시간관리에 있다고 말한다. 일정을 지키기 위해 항상 고민해야 한다. 주어진 시간을 촘촘히 보내지 않으면 망가지는 일들과 놓치는 일정들로 인해 일 못하는 사람이라는 평이 고스란히 내게 돌아온다. 반면에 주어진 시간을 알차게 보내 일정을 지키고 일을 잘 끝내면 유능하다는 평가를 받는다.

서른 살, 비전 찾기

큰일을 하려면 결심을 해야 한다. 결심을 확고하게 해주는 한 가지 단계가 일정 세우기라는 의미이다. 연예계 소식을 전하는 온라인 매체 '뉴스 에이드'에 아이돌 가수가 되기를 지망하는 연습생들의 현실을 기사로 쓴 적 있는데 이를 소개한다. '연습실 앞에 붙어 있는 주별 시간표에는 연습생 현황과 연습실 사용 시간, 트레이닝 일정이 오후 1시부터 밤 10시까지 촘촘하게 짜여 있다. 보컬과 댄스는 레벨별로 나뉘어 있고 연습생과 트레이너의 이름이 함께 배정되어 있다. 비어 있는 시간을 어떻게 채워 나갈지는 오롯이 개인의 몫이다.' (출처 : 뉴스에이드 '아이돌 연습생의 현실은 이렇다'. 강효진 기자.2016. 03. 10 http://www.news-ade.com/?c=news&m=newsview&idx=1000006639)

10대 학생들도 이렇게 하는데 성인이 되어 일정관리를 하지 않는다는 건 부끄러운 일이다. 같은 기사에 이렇게 고독한 싸움은 몇 달이 될지, 몇 년이 될지 모른다고 나온다. 실력에도 커트라인이 없어서 누가 먼저 빠져 나올지 아무도 알지 못한다고 전한다.

글로만 읽어도 얼마나 힘들지 눈앞에 아른 거린다. 큰일을 달성하겠다는 절박함으로 하루하루 고된 스케줄을 해나가고 있는 것이다. 하고 싶은 일을 하니까 늘 즐겁기만 하다고는 아무도 장담할 수 없을 거라 생각한다.

할 일을 확고하게 설정한 이후부터는 새로운 계획을 세우면 그날부터 새해 첫 날이 시작되었다고 표기해둔다. 그래서 내 달력에는 '오늘부터 올 해 시작'이라고 표기해 둔 날짜가 몇 개 있다. 시작일이라고 표시 해두면 마음이 새로워지고 지나간 건 잊고 다시 시작할 수 있어서 가끔 쓰는 방법이다. 뭔가 안 좋은 일이 있었을 때나 결과가 마음에 들지 않는 일이 생겼을 때 이 방법을 쓴다.

또한 지금이 3월이라면 실제로는 3월이지만 5월이라고 생각하려고 한다. 예를 들어 달력상에 오늘이 3월 26일이라면 수첩에는 5월 26일이라고 적어두고 일정을 기록하는 것이다. 올해 연말부터 남은 월을 거꾸로 세웠을 때 실제로는 9개월이 남았지만, 내 일정상에는 7개월이 남은 것이다. 올해가 7개월 남았다면 오늘 뭘 할 것인가? 다음 달이면 올해가 딱 절반 남는데(실제로는 8개월 남았다) 오늘을 어떻게 보낼 것인가? 이렇게 남은 날보다 적게 남았다고 생각하면서 한 해에 세웠던 계획을 얼마나 이루었는지 파악해간다. 이러면 더 긴장감이 생기고 촉박하다는 생각이 든다.

오늘이 모여서 내일이 된다. 지금 해야 할 일을 해야 내일이 만들어진다. 일정은 거창한 계획표가 아니라 심플한 나와의 약속이다. 지키면 나 자신을 지킨 것이지만, 못 지키면 그 일은 나를 영원히 떠나간다. O 아니면 X의 게임이다. 'X'가 모여서 큰일을 이루었다는 건 한 번도 들어보지 못했다. 여러분 달력에, 수첩에, 앱에 'O'가 가득한 날로 채워지길 바란다.

| **요약** |

1. 일정을 잡아야 해야 할 일이 유야무야 없어지지 않는다.
2. 일정을 지킬 수 있는 나만의 방법을 만든다
3. 일정을 지켜 이룬 일과 그렇지 못한 일에 대해 냉정하게 평가한다.

꼭 해야 할 것
문장화하기

#문장#명확한표현

기억을 상기시켜주기 위한 문장 쓰기

문장화 하는 건 기획력을 필요로 하면서 실행을 위한 일이다.

가오위안은 베이징 라오마상수 문화미디어공사 대표이며 전세계적으로 인기있는 잠재력 개발 대가이자 베스트셀러 작가다. 그는 저서《하루 한 장 리스트의 힘》에서 핵심요소를 빠뜨리지 않고 작성하는 중요성을 설명했다. 수많은 상황에서 위험이 발생하는데는 다양한 원인이 존재한다. 기억 착오와 주의력 결핍 뿐 아니라 두 번째 난관인 부주의 역시 중요한 원인이라고 말한다. 우리의 두뇌는 반복해서 알려주고 강조하지 않으면 원래 기억했던 단계를 고의로 뛰어넘는다. 과거의 안전했던 기억이 우리의 경계심을 풀어 중요한 정보들을 중요하지 않은 것처럼 만든다는 뜻이다. (출처 : '하루 한 장 리스트의 힘'. 가오위안. 2017. p.48)

꼭 해야 할 일을 두 번 세 번 다짐해도 명확하게 손에 잡히지 않으면 기억에서 날아가 버리기 쉽다. 눈에 띄는 곳에 적어두고 몇 개의 단어만 봐도 확 꽂히도록 작성해두어야 실행이 된다. 그래야 내 것이 된다. 직장에 다니는 동안 한 때 여행과 관련된 일을 해보고 싶다는 생각이 있었다. 여행과 관련된 어떤 일을 하고 싶은지, 어떤 사람을 만나야 할지 하려고만 하면 필요한 일이 한 두 가지가 아니었다. 게으른 탓도 있었지만 제대로 실천한 것 하나 없이 생각으로만 끝났다. 생각난 건 잊어버릴 수도 있고, 자고 일어나면 기억이 안 날 수도 있다. 재빨리 해야 할 일을 명확하게 적어놓고 계속 눈에 보여야 하는 이유가 이 때문이다.

해야 할 일을 명확하게 만드는 문장 쓰기

주로 생각에서 행동으로 옮겨야 하는데 지켜지지 않는 일을 적어둘 때 도움이 된다. 마음 속에는 꼭 해야 한다는 인식이 있으나 의지가 약해서 실천이 잘 안 되는 행동들 위주로 적어 놓는다. '생각난 것은 바로 실행 한다', '알람이 울리면 더 누워있지 말고 바로 일어난다', '인터넷 하는 시간을 매일 30분씩 줄인다'처럼 '~해야겠다'보다는 '~한다'의 문체로 써준다. 몇 번 눈에 띄다보면 한두 번 실행 하게 되고 그러다가 습관이 되게 만든다. 그래도 실천으로 옮기기가 어려우면 약간 유치할 수 있는 방법을 쓰는 것도 좋다. 나에게 남은 시간이 내일 하루 밖에 없다고 생각하고 써놓은 문장을 본다. 오늘만 있을 뿐이니 생각난 걸 바로 하고 알람이 울리면 지체 없이 일어나는 일 정도는 당장 할 수 있다. 습관화 시키는 게 목적이니 한 번을 해보는 게 필요하다.

벤 마이클리스는 뉴욕에서 임상심리사로 일하며 저명한 심리학 전문잡지 및 뉴욕타임스 같은 신문과 온라인 저널에 정신 건강에 관한 다양한 글을 기고하고 있다. 저서 '오늘보다 재밌게'에서는 '목적 선언서'에 대해 전하는데 그 내용을 잠시 소개한다.

자신에게 중요한 1~3가지를 '나는~을 믿는다'라고 쓴다. 일상생활에서 이를 표현하고 실현하기 위해 해야겠다 싶은 행동을 두 세 문장으로 '~에 시간을 들이겠다', '~에 재능을 쓰겠다', '내가 취할 행동은 ~이다' 식으로 쓰자. (출처 : '어제보다는 재밌게'. 벤 마이클리스. 2016. p. 102~103)

수많은 직업군, 각기 다른 사람들을 상담하면서 저자가 깨달은 게 뭐였을까. 오로지 자신에게 초점을 맞춰 해야 할 것을 하고 버려야 할 것을 버리는 방식이었다. 목적 선언을 누구한테 보여주려고 하는 것도 아니며 자신이 만들고 스스로 지키기 위해 한다는 걸 명시하고 있다. 문장화하기도 이와 유사하다. 자신을 알리기 위한 수없이 많은 홍보 카피들이 세상에 나와 있지만 꼭 해야 할 일을 문장화하기는 이와 다르다. 알리기 위함이 아닌 자기 자신만을 위한 일이다.

써놓은 문장을 실천해야 더 빛난다

해야 한다는 필요성은 인식했으나 잘 지켜지지 않는 것 위주로 작성 했다면 그 문장을 늘 볼 수 있는 곳에 적어 둔다. 나는 주로 수첩을 활용한다. 어떤 도구라도 상관없고 보이는 곳에 적어두는 게 중요하다. 문장화하기가 생각난 것을 잊어버리지 않기 위해 써두는 메모하고는 좀 다르지만 기록의 중요성을 언급하기 위해서 기사 하나를 소개한다.

'나는 제약회사 영업사원으로 일할 때부터 유통회사를 경영할 꿈이 있었기 때문에 내 수첩에는 창업에 관한 아이디어나 경영 전략에 관한 메모도 많았다. 약국에 나가서 창업자의 시각에서 약국 경영을 관찰하면 그 전에는 보이지 않던 것들이 보였다. 내가 경영자로서 배워야 할 것과 조심해야 할 것들, 경영자로서 알아두어야 할 정보들을 메모했다.' (출처 : 성공하는 사람들의 공통점 '메모습관'. 약국신문. 2016. 10. 26 http://www.pharm21.com/news/articleView.html?idxno=99344)

제약회사에 다녔던 나로서는 눈이 가는 글이다. 그때 나는 딱히 꿈이 없었기 때문에 일하면서 얻는 통찰 등을 기록하지 못했다. 위 기사를 쓴 것처럼 필요한 정보를 메모한 후에 여기서 꼭 지켜야 할 것을 간결한 한 문장으로 만들어 써두면 문장화가 된다. 그걸 계속 보면서 습관화시키는 게 핵심이다.

비전을 찾은 내 수첩에는 이런 문장들이 적혀 있다.

'위장병 예방을 위해 식사 시간을 지킨다', '소식하고 채소를 많이 먹는다', '아침에 더 일찍 일어난다' '미팅 시간은 짧고 굵게 갖는다' '곁가지를 없애고 일의 본질 위주로 판단 한다'. 이처럼 일상생활 습관부터 비즈니스 관련된 것까지 꼭 지켜야할 것들을 적어두었다.

① 해야 하는 데 안 되고 있는 게 무엇인지 판단하는 게 시작이다.

② 그 다음이 짧은 문장으로 표현하는 것이다.

③ 그리고 계속 보면서 실천한다.

어떻게 보면 정말 단순하다. 한 번 시작하기가 어려워서 그렇지 해놓고 보면 어렵지 않다. 몸에 밸 정도로 익혀야 할 것이 생기니까 하루가 짧다고 느껴진다. 잠을 줄여서라도 다 해야겠다고 생각이 들 정도다. 오로지 나를 위해서 이런 생각이 든다니 얼마나 좋은 일인지 모르겠다. 비전을 찾으면 나를 찾고 업을 찾는다. 비전도 업도 정체성도 순서가 정해진 건 아니다. 작은 습관 작은 실천 하나가 비전도 만들고 업도 만든다. 작은 실천을 시작하기 위해서 한 줄 적는다고 생각하면 해볼 만 하다. 지금 바로 한 줄 쓰는 것부터 시작해보자.

| 요약 |

1. 행동으로 잘 옮겨지지 않는 일을 찾아낸다.

2. '~한다'라는 어미로 끝나도록 한 문장으로 적는다.

3. 눈에 보이는 곳에 써놓고 계속 실천한다.

비전과
슬로건 만들기

#개인#슬로건#쉽게전달

슬로건, 개인과 기업의 메시지를 전달하기 위한 방식

비전과 슬로건 만들기는 기업뿐만 아니라 개인에게도 많이 강조하고 있다. 특히 슬로건은 타인으로부터 받는 명함에도 써있다. 또한 블로그나 페이스북 같은 SNS 메인 화면에서도 볼 수 있다. 슬로건이 필요한 이유를 찾아봤는데 문헌에는 이렇게 나와 있다. "슬로건을 만드는 이유는 메시지를 전달하기 위해서다. 최근 뉴미디어 발달로 인해 기업과 고객과의 커뮤니케이션 방식이 단일방향에서 쌍방향이 가능해짐에 따라서 메시지를 관리하는 것이 복잡해지고 있다. 슬로건은 텍스트 형태로써 기업의 경영정신과 브랜드의 철학이 녹아 있는 본질요소이다. 이러한 경영정신과 브랜드의 철학 또한 결국 그 사회가 요구하는 것, 욕망하고 결핍된 것을 반영하고 있다." (출처 : 삼성의 경영철학과 슬로건을 중심으로 본 기업 아이덴티티 연구 Asia-pacific Journal of Multimedia Services Convergent with Art, Humanities, and Sociology. (2017) Vol.7 : 1-20) 우리가 우리의 비전을 찾아야 업을 찾는다고 했다. 업이라는 건 일생을 살아갈 중심이 되고 우리는 중심축을 운영하는 경영자이다. 자신을 스스로 경영 한다는 의미에서 우리도 한 사람 한 사람이 기업 이다. 세상에 알려져야 기업으로서 의미가 있다. 따라서 기업의 메시 지를 전달하기 위한 방식인 슬로건을 우리도 만들어볼 필요가 있다.

슬로건으로 표현을 더욱 단단하게 만들기

세상에 알려지면 사람들이 모인다. 내가 직접 사람을 끌어 모을 수 있으면 비즈니스 기회를 만들 수 있다. 강의나 컨설팅도 할 수 있 고 내 가치관을 전달할 수도 있다. 사람들과 함께 일을 도모할 수 있 는 기회가 열린다. 아는 지인이 한 번 서비스를 이용해주는 것이 아 니라 진짜 나를 찾아서 오는 내 사람을 모으는 것. 직장의 울타리가 아니라 순수하게 나 스스로 할 수 있는 기회가 진짜 내 업이다. 이건 지금 직장을 다니고 있는 사람에게도 해당하는 말이다. 사람들을 일 일이 따라다니면서 '내가 전달하고자 하는 건 이런 거야'라고 설명 해주며 다닐 수는 없다. '아!' 하고 고개를 끄덕일만한 메시지가 있 을 때 사람들의 마음은 움직인다. 그 메시지를 전달하기 쉽게 그리 고 문헌에서 말한 것처럼 사회가 요구하는 것, 시대적 트렌드를 반 영해서 만드는 일이다.

슬로건 만드는 건 비전과 업을 찾기 위해 분석하고 발견한 강점과 특징들을 더욱 튼튼하게 무장하는 일이다. 이해를 도와드리기 위해

《현명한 까마귀는 목마르는 법이 없다》의 저자 모이드 시디퀴 작가가 책에서 한 말을 소개한다.

'상상력의 단계는 부드러운 찰흙을 가지고 마음속으로 상상한 모형을 만드는 것과 같다. 마음속의 어린아이가 찰흙을 깇고 마음껏 놀 수 있도록 해야 한다. 다양한 모양으로 그릇을 만든 후에야 비로소 자신이 갖고 싶어 하는 것을 선택할 수 있다. 그리고 결정하면 가마에서 구워낸다.

우선 유연한 생각으로 아이디어를 만들어내고 토기를 만들 듯이, 경직된 사고로 아이디어를 굳혀간다. 도예가는 부드러운 찰흙을 가지고 자신이 원하는 모양을 만든다. 원하는 모형이 만들어지면 가마에서 굽고 단단하게 만들어낸다.' (출처 : 현명한 까마귀는 목마르는 법이 없다. 모이드 시디퀴. 2011. p.131)

'도예가의 교훈'이라고 설명한 아이디어를 확고히 하는 과정은 슬로건 만들기와도 유사한 것 같다. 많은 자료를 모두 설명할 수 없으니 각인이 될 만한 튼튼한 메시지로 전달하는 것이다.

개인의 비전도 내 삶이고 경영이니 슬로건을 개인에게도 적용할 수 있다. 먼저 자신이 추구하는 메시지를 한글로 쓴다. 이 책을 비롯한 내가 하는 여러 활동에서 비전과 자아정체성을 강조하고 있다. 내가 추구하는 가치관은 자신에게 초점을 맞춰 인생을 기획하는데 있다. 명확하게 한 마디로 표현되었다. '자신에게 초점을 맞춰 인생을 기획하는 것'. 해당하는 영단어를 뽑아본다. 'Self', 'Focus', 'Life',

서른 살, 비전 찾기

'Planning'. 더 많은 단어가 있겠지만 우선은 중학생이 봐도 알 수 있는 쉬운 단어로 적었다. 한글 그대로 써도 되고 영어로 바꿔줘도 된다. 나는 슬로건을 영어로 만들어보고 싶었다.

'Focus on yourself, Planning on your life'

점점 개인화 되어가는 사회 문화를 반영하고 내가 전달하고자 하는 '인생 기획'이라는 메시지도 담았다. 각 문장에서 영어 'on'과 'your' 그리고 'f' 발음을 반복시켜서 운율도 맞췄다.

또한 이 책의 슬로건은 이렇게 만들었다. '미래가 불안한 30대 사람들이 지금, 오늘 당장 무엇을 해야 할지 알려주기 위한.' 이 말을 한 눈에 보이도록 슬로건으로 만들었다. '불안', '비전'이라는 뜻의 영어 단어를 활용했다.

'Don't feel uneasy. True vision is inside.'

핵심 단어인 'uneasy'와 'vision'이 대조를 이루도록 두 문장으로 표현했다.

한 단계 더 가치를 높이기

'헤리티지 마케팅'이라는 게 있다. 이를 실시하는 기업은 오랜 역사를 가진 기업들로 그 동안 쌓아온 탄탄한 브랜드 자산을 소비자들에게 전달한다. 브랜드 고유 가치를 전달하는 슬로건을 내세우거나, 기업의 역사를 담은 기념관 건립, 한정판 제품 출시 등 방법도 다양하다. (출처 : 불황 속, 역사와 철학 담은 '헤리티지 마케팅' 눈길. 이주헌 기자. 2016. 06. 04. 아시아경제) 명품 브랜드를 중심으로 루이비통 여행 박물관, '샤넬 향수의 세계' 전시회, 피렌체 페라가모 박물관 등이 헤리티지 마케팅의 대표적인 사례. 예전에는 이렇게 럭셔리 브랜드 위주로 하곤 했는데 요즘은 트렌드가 바뀌고 있다. CJ 제일제당의 백설 CF에서는 1970년대부터 국민들 식탁에 올랐던 '그 맛'이 현재까지 쌓여서 오늘날 백설을 만들어 냈다는 메시지를 전한다. 1979년부터 백설과 함께 해 온 사람들의 모습을 보여주면서 브랜드 헤리티지를 효과적으로 전달한다. (출처 : '헤리티지 마케팅, 기업의 가치를 높이다'. 2014. 03. 23. Opus Yonsei Marketing Review)

엉뚱하게 들릴지 모르지만 개인도 훗날 헤리티지 마케팅을 하게 될 수 있다. 특성 상 새로 생겨나는 기업은 콘텐츠가 없어서 당장 이런 종류의 마케팅을 하긴 어렵다. 하지만 나중에 할 것을 염두에 두고 시작 단계부터 준비해놓을 수 있다. 슬로건의 변천사를 남기는 것도 그 중 하나다. 신뢰가 전달돼야 사람 마음을 움직이는 시대다. '믿을 수 있는 사람이다', '이 사람을 만나면 이건 꼭 해결해 간다'는 확신이 있어야 오래 간다. 그 신뢰와 확신을 슬로건을 통해 전달하고 시대에 맞게 변해가는 가치관을 차곡차곡 모아놓는 일이다. 내가 남긴 뿌듯한 업적을 정리해서 나중에 품격 있는 마케팅을 위한 자료로 활용한다는 게 멋지지 않은가. 당장은 이상하게 들릴지 모르지만 지금처럼 집단보다 개인을 중요시 하는 시대가 계속되면 분명히 일어날 법도 한 일이다. 그 때 나도 헤리티지 마케팅을 한다면 정말 좋겠다.

직장을 다니는지 개인 사업을 하는지 프리랜서로 활동하는지가 중요한 게 아니다. 사회 어디서 무슨 일을 하던 각자 슬로건 하나씩은 만들어 두는 게 필요하다. '내가 무슨 업을 가진 사람이며 내가 추구하는 바는 무엇이다' 라는 걸 동료에게 관계자들에게 고객에게 세상에 알리는 일이다. 쉽게 시작하자. 처음부터 멋지게 만들어야지라고 생각하다가 아예 손도 못 대지 말고 일단 만들어 보고 주변 사람들 의견을 물어본다. 더 괜찮은 게 있으면 바꿔보기도 하며 시작해보는 게 중요하다. 전문 카피라이터가 되었다는 기분으로 내 걸 만들어 보는 거다. 말 만드는 일이 해보면 생각보다 재미있다. 어렵게 생각하지 말고 쉽게 접근 해보자. 모두 값진 슬로건을 만들길 바란다.

| **요약** |
1. 슬로건은 시대 트렌드를 반영하고 개인이 추구하는 철학이 있어야 한다.
2. 자신도 하나의 기업이라고 생각하고 만들어본다.
3. 만든 슬로건은 사회 변화에 맞게 업데이트 한다.

한 눈에 보는
비전 포지셔닝

#자기홍보#경쟁#차별점

잘 하는 점은 부각시키고 약한 점은 안보이게

'나는 어떤 사람이다'라는 걸 알려야 사람들이 알아준다. 직장에서 열심히 일만하면 사람들이 알아주겠지 라고 생각했지만 그게 아니라는 걸 알게 되는데 그리 오래 걸리지 않았다. 내가 어떤 사람이고 무엇을 잘 하는지 알리지 않으면 사람들은 알기 어렵다. 당연히 알아주지 않는다. 나만의 것이 있고, 나만 할 수 있어야 하며 나를 대체할 수 없어야 한다. 그래야 시간 당 가치가 올라간다. 경쟁자와 비교해서 나만 가지고 있는 우월함이 무엇인지 알고 그걸 계속 부각시켜야 한다. 열정페이라는 명분으로 고생길에 뛰어들지 말고 나만 가지고 있는 확실한 점을 내세워 경쟁자와 차별시켜야 한다.

포지셔닝의 바이블로 알려진 알리스, 잭트라우스의 '포지셔닝'에는 이런 말이 나온다. '성공에 이르는 유일하고도 확실한 길은 자기가 이용할 말을 찾아내는 것이다. 이는 자아가 강한 사람에게는 받아들이기 힘든 일일지도 모른다. 그러나 인생의 성공은 당신 스스로 얼마나 해내느냐보다는 다른 사람이 당신을 위해 얼마나 해주느냐에 더 많이 달려있다는 점을 잊지 말아야 한다.' (출처 : '포지셔닝'. 잭트라우스, 앨리스. 2002. p.236)

누군가가 나에 대해 어떤 말을 한다면 분명히 내가 그런 사람이라고 알려졌기 때문이다. 험담 같은 가십을 말하는 게 아니라 'ㅇㅇㅇ는 이런 사람이다'라는 평판을 말한다. 잘 하는 점은 부각시키고 약한 점은 최대한 안 보이게 해야 하는 이유이다. 인간미 있어 보이는 사람에게는 간혹 빈틈이 발견되기도 하지만 여기서 말하는 건 그것과는 다른 이야기이다.

개인 차별화 전략 포지셔닝

비전 포지셔닝이라는 건 내가 직장에서 월 천 만 원 이상 받는 억대 연봉자가 되겠다는 전략을 세웠다면 어떤 사람을 경쟁자로 염두에 두고 나를 차별화시킬 건지 스스로 위치시켜보는 것이다. 마찬가지로 프리랜서 같은 개인 자격으로 활동하는 사람도 정성적으로 나를 차별화시켜보겠다는 비전이 있거나 정량적으로 수입을 얼마를 더 올려서 가치를 높이겠다는 전략이 있을 수 있다. 이를 막연하게 그림을 그리듯 두루뭉술하게 떠올리는 게 아니라 밖에서 안으로 향하는 관점으로 정확하게 짚어보는 것이다.

예를 들어 기획팀에 재직중인 직장인이라면 기능적인 면으로 본다면 경쟁자는 같은 직무를 하는 기획, 마케팅팀 재직자가 될 수 있다.

소속 영역 관점에서는 속해 있는 분야 즉 제약회사, 식품회사, 화장품회사 등이 될 수 있고, 이 때의 경쟁자는 직장 내 모든 구성원이 된다.

사회 공헌 측면에서는 사회의 일원으로서 기능을 창출하고 지식을 습득하며 성과를 내야 하는 모든 사람이 되며, 성과 관점에서는 같은 성과를 낸다면 소요되는 비용에 따라 차이가 있는 경우, 인공지능이나 1인기업가, 프리랜서 등과 경쟁할 수도 있다.

이런 경쟁자들 사이에서 내가 어디 위치하는지 만약 성과 측면에서 포지셔닝을 하겠다고 정했다면 포지셔닝 맵은 다음과 같다.

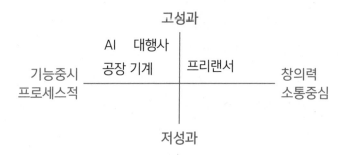

높은 성과를 내지만 정말 성과 위주이고 기능을 중시하는 대상과 경쟁할 수 있다. 물론 어느 경우에나 프로세스적이란 것은 아니고 대체로 그럴 수 있다고 본다. 공장 기계나 대행사가 나의 경쟁상대일 수 있고, 미래에는 AI가 나를 대체할 수도 있다. 또 인간적인 소통이 기계나 AI보다 원활한 프리랜서나 1인 기업가가 경쟁자가 될 수 있

서른 살, 비전 찾기

다. 이런 관점에서 포지셔닝한 경우 내 위치는 창의적, 소통 중심이면서 높은 성과를 내는데 위치하겠다고 잡아볼 수 있다.

앞에서 만든 'Focus on yourself, Planning on your life'라는 슬로건이 있다. 이 슬로건으로 맵을 만들면 이렇게 볼 수 있다.

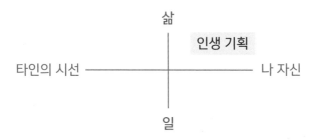

나의 비전이고 내 슬로건이기 때문에 경쟁자를 애써 찾아 넣지 않았다. 이렇게 보면 내가 추구하는 업이 어떤 위치인지 이미지로 기억되기도 하고 한 번에 떠올리기도 쉽다. 자연스럽게 다른 사람들에게 설명하기에도 용이해진다.

세상에 나와 같은 일을 하는 수많은 사람들이 있다. 앞으로 어떤 일을 찾아서 업으로 삼더라도 지구상에서 처음 하는 일은 아니다. 당연히 나보다 훨씬 실력이 좋은 사람도 있고 이미 업계에서 자리를 잡고 있는 사람도 있다. 나보다 잘 하는 사람 혹은 나와 비슷한 사람과 정면으로 부딪히면 성공할 가능성도 낮아지고 피를 흘리고 다치며 쓰러질 수도 있다. 해보지 말라는 건 아니지만 경쟁의 결과가 처참할 수 있기에 다른 방법을 쓰라고 권하고 싶다. 똑같은 걸로 경쟁하기보다 나만 할 수 있는 일로 경쟁했으면 한다. 사람들과 이야기해보면서 나만의 강점을 찾고 그 강점을 사람들에게 뭐라고 인식시킬지 그려보는 작업이다. '무슨 일 해요?'라고 물어보면 대부분 직장인들이 속해 있는 부서 이름이 나온다. '마케팅이요', '영업해요', '기획부서에 있어요'처럼 내가 정한 게 아니라 남이 정해놓은 게 답으로 나온다. 내가 영업부에 있을 때 어떤 동료가 '나는 제품을 파는 사람이 아니라 저를 팝니다'라고 세일즈 한다는 말을 들었다. 고객과의 신뢰를 중요시 한다는 뜻이다. 이제는 조금 고전적으로 들리기도 하지만 그 때는 꽤 신선했다. 이제 하는 일을 물어보면 부서명으로 답하지 말고 나만 가진 다른 점으로 답했으면 한다. 깊게 고민하고 많이 소통해보면서 꼭 찾았으면 좋겠다.

|요약|

1. 사람들이 알아주기를 기다리기보다 먼저 적극적으로 나를 알린다.

2. 포지셔닝을 해보면 의외의 대상이 경쟁상대가 될 수 있다는 점을 발견한다.

3. 남이 정한 직책이 아니라 내가 정한 가치로 나를 알린다.

서른 살, 비전 찾기

분석에 기반 한 목표 설정하기

#목표#달성#평가

목표는 구체적이고 명확하게

목표 설정은 정확한 분석을 바탕으로 해야 한다. 직관으로 쓸 수 있는 버킷리스트나 희망사항과는 다르다. 만약 수영을 6개월 안에 접영까지 배우겠다고 목표를 세운다고 해보자. 매일 직장에 가는 걸 고려해 '주2회 주말 레슨, 3개월 내 진도를 완료, 이후 3개월 간 연습, 6개월 후에는 접영이 가능하게!'라고 쓸 수 있다. 막연히 '6개월 동안 접영까지 배우겠다'라는 목표보다 구체적이다. 또 운동을 해서 근력을 키우겠다는 목표를 세운다면 '매일 50개 씩 스쿼트, 한 달 후 200개가 가능하도록!'처럼 설정해볼 수 있다. '근력이 약해졌으니 운동을 해서 근력을 회복 하겠다' 보다 구체적이다. 이렇게 쓰면 목표만 보고도 무엇을 해야 할지 비교적 명확하게 알 수 있다.

'올해 안에 책 한 권을 내고 싶다'는 주제로 했던 SWOT분석을 다시 살펴보면, 일을 하고 있어 매일 수 시간을 밖에서 보내야 하지만 글 잘 쓰는 법에 대한 강좌 등을 수강할 수 있는 여유가 있다는 분석이 나왔다. 이런 현재 상태를 감안해서 '하루 3시간 밤 시간을 확보해서 6개월 간 원고를 작성하여 책을 쓰겠다'는 목표를 세울 수 있다.

개인 목표를 작성하고 실행 및 평가 방안 만들기

목표를 세웠다면 이룰 수 있는 방법도 구체적이어야 한다. 방법이 구체적으로 나와야 하기 때문에 목표도 구체적이어야 한다. 어떨 때는 목표를 이룰 수 있는 방법이 막 쏟아져 생각나는 경우가 있다. 이럴 때 떠오르는 것들을 다 써주면 된다. 그리고 그걸 통해서 목표를 이루겠다는 의지만 있으면 된다.

다음은 올해 책을 쓰고 영어를 원하는 수준까지 높이겠다고 생각하는 사람의 목표와 달성 방법 작성 과정이다.

목표 : 올해는 책을 출간 한다. / 올해는 영어 공부를 해서 외국인 친구를 사귀겠다. / 홍보를 위해 SNS 활동을 하겠다. / 사람을 중요시하며 네트워킹을 강화하겠다. (2019년 1월 1일 새해 첫 날 작성)

2019년 키워드 : 책, 영어, SNS, 네트워킹

〈KPI〉

KPI	지표	상세 지표	시기
책	총 1권	1권 출간	2019.10
영어	외국인 친구 만들기	외국인 친구 1명 만들기	2019.12
SNS	매일 자료 업로드	매일 1건 이상 업로드	2019.12
네트워킹	5명	모임 운영자 및 저자 5명 이상	2019.12

〈평가〉

평가 기준	S	A	B	C
출간 및 계약	출간	계약	원고 완료	목차 작성
외국인 친구와 교류 정도	외국인 친구와 월 1회 연락	비정기적 연락	1회 만남	미진행
게시물 수	총 400개 이상	총 365개 이상(365x1)	총 292개 이상	총 292개 미만
오프라인 만남 여부	5회	4회	3회	2회

〈KPI 달성 방안〉

KPI	방안	비고
책쓰기	매일 원고 쓰기	글 쓰는 감을 잃지 않도록 매일 쓴다.
	글 쓰는 사람을 알고 지낸다	글 잘 쓰는 사람의 영향을 간접적으로 받아야 한다.
영어	미국 드라마 및 영화 보기	듣기
	미국 중학생 수준의 구문 외우기	읽기
	영어 일기 쓰기	쓰기
SNS	주제별 자료 업로드 (글쓰기, 외국어 공부 등)	무분별한 자료 업로드가 되지 않도록 한다.
	영어 일기 업로드	목표 달성과 동시에 SNS활용도 가능 일석이조 효과
	혼자 알기 아까운 좋은 말이나 글 공유	남을 돕고 싶다는 마음으로 신뢰감 있게 쓸 수 있다.
네트워킹	매월 강연이나 모임 참석하기	오프라인 만남으로 인간미를 교류할 수 있다.

목표를 세웠으면 스스로 달성했는지 점검도 해야 한다. KPI는 '핵심성과지표'이며 비즈니스에서 자주 쓰는 용어다. 개인의 목표를 만

들 때도 달성하는지 확인하기 위해 KPI를 만들어 두면 좋다. SABC라는 기준도 매우 잘함, 잘함, 보통, 미진이라는 기준을 두고 자신을 평가해보기 위함이다. 어떤 목표를 얼마나 구체적으로 세웠는지도 중요하지만 이루기 위해 방안을 만들고 평가하는 것도 아주 중요하다.

떠오르는대로 직관적으로 나열식으로 쓰지 않고 구체적으로 쓰는 방법을 알아보았다. 다 이전에 분석하는 과정을 거쳐서 나온 결과물이다. 기획을 할 때 컨셉을 잡는 것처럼 목표 설정도 분석을 바탕으로 일정한 과정을 통해 나와야 한다. 목표가 그림 그리듯 나오는 건 모호하고 불필요한 결과를 낳을 수 있다. 심플하고 한번 읽어도 이해할 수 있는 구체적인 표현으로 오로지 나만을 위한 목표와 평가 지표를 꼭 만들어보자.

|요약|

1. 목표는 읽자마자 직관적으로 알 수 있도록 단순한 문장으로 표현한다.

2. 목표를 작성했다면 달성할 수 있는 실행 방안과 평가 방안도 있어야 한다.

3. 어렴풋이 따라하려 하지 말고 심사숙고해서 작성한다.

서른 살, 비전 찾기

6장

—

행동하는 사람만이
비전을 완성 한다(Acting)

더 이상 고민할 게 없으면
이제는 행동 할 때다

#실행#성공

유명인사도 일반인도 이구동성으로 하는 말 '실행'

해봐야 안다는 것, 뻔 한말이라고 생각했다. 하지만 다른 사람 이야기를 들어봐도, 지금 당장 뭘 해야 할지 고민해 봐도 이 말이 맞는 말이었다. '일단 해보라'고. '어우 저거 늘 듣던 말인데', '또 저 말이야', '저거 또 나왔어' 라고 생각할 수 있다. 나도 그렇게 생각했고, 내심 그게 아니라 더 획기적인 게 있을 줄 알았다. 아무리 물어봐도 잘된 사람들의 비결은 "일단 해보고, 해나가면서 계속 길을 찾아갔더니 확신이 생겼다."였다.

20~30대 외식업, 카페, IT, 교육사업 등 자신의 분야에서 활약하고 있는 청년 사업가 여섯 명을 만났다. 각각 한 시간 이상 대화하며 이야기를 들었는데, 한 결 같이 하는 말이 "생각한 건 다 해봤어요." 였다. 이런 행동력의 중요성을 더 많이 강조하는 사람은 이런 말도

200

덧붙였다. "생각난 건 바로바로 다 했어요.", "일하고 관련된 모든 걸 다 했어요."였다.

그 때 확실히 깨달았다. 직장에 있을 때 선배가 시키는 일도 '할께요'라는 말만 해놓고 하루 이틀 미루다가 싫은 소리를 들었던 기억. '이거 해도 뭐가 되겠어'라고 생각하던 과거 내 모습. 그리고 '오늘 할 일을 내일로 미뤄야 내일도 할 일이 있지'라고 생각한 웃지도 못할 농담이 떠올라 민망했다. 그러면서 일이 잘 안 되면 다른 이유를 대곤했다.

유명인도 이 말을 했다. 미국의 과학자이자 정치인, 외교관이기도 했던 벤저민 프랭클린. 그가 남긴 유명한 어록 나쁜 습관을 고치기 위한 13가지 항목 중 네 번째 항목 '결단'에는 이런 말이 나온다. '할 일은 당장 하기로 결심하라. 결심한 것은 꼭 이행하라.' (출처 : Who? 벤저민 프랭클린. 한나나. 2014. p.30~33)

미국 100달러 지폐 주인공일 정도로 유명한 사람이라는 건 잘 알려져 있다. 이렇게 대단한 사람이 한 말이라 솔직히 조금 와 닿지 않았었는데, 실제 주변 가까이 있는 사람들에게 같은 말을 듣고 나니 맞는 말이라는 생각이 든다.

행동하는 게 중요하고 여기에 한 가지 덧붙이면 행동도 체계적으로 하면 더 도움이 된다. 이와 관련하여 허핑턴포스트코리아 2014년 3월 14일자에 실린 '체계적인 사람들의 14가지 특징'이라는 기사에 사람들이 일하는 좋은 방식에 대해 언급하고 있다.

'체계적인 사람들의 일하는 방식은 대부분 좋은 결과를 가져다준다. 2010년 조사 결과에 따르면, 80% 응답자가 체계적인 업무방식이 업무 결과를 향상 시킨다고 응답했다.' 이어서 체계적인 사람들에게서 발견할 수 있는 패턴 14가지를 소개하는데, 이 중 4가지를 뽑아보았다.

· 정보를 수집하고 일정표를 만들고 정리 보관한다.

· 해야 할 일의 목록을 만든다.

· 미루지 않고 바로 실천한다.

· 업무를 단일화 한다.

(출처 : http://www.huffingtonpost.kr/2014/03/14/-_n_4961046.html)

이 중 일정표와 목록 작성은 우리도 앞에서 살펴본 바 있다. 하려고 했을 때 바로 바로 하는 것이 중요하고, 행동하기 전에 체계적으로 구상해놓고 해야 하는 점의 중요성을 강조해보았다.

그러면 20~30대에 "생각이 나면 바로 했어요."라고 말하고 행동한 사람들의 40, 50대는 어떻게 되었을까? 현재 20~30대인 사람들의 미래를 보고 올 수 없어서 과거에 그렇게 행동했던 사람들의 현재 모습을 살펴봤다.

타인을 도우며 살고 싶다고 생각한 이라희 전무 이야기다. 그는 남을 도우려면 경제적 자유를 얻어야겠다는 생각을 했다. 성공한 사람들을 쫓아다니며 이야기를 듣곤 했는데, 결국은 듣기만 하고 해보

서른 살, 비전 찾기

지 않으면 아무것도 아닌 게 되었다. 사람들은 해보지도 않고 옳고 그름을 따진다. 중요한 건 옳은지 그른지가 아니다. 실제로 해보고, 처음에는 안 되지만 두 번 세 번 해보니까 어느 순간 하면 되는구나 라는 걸 알게 되는 것이다. 했던 게 쌓여서 어느 날부터 인정을 받았 다. 신기하게 이미 나에게 왔는지도 모르는 동안 이루어지고 있었다.

미리 판단하지 않고 하나씩 이루어가며 30대 때부터 경력을 쌓았 던 이라희 전무는 현재 40대 중반 나이에 억대 연봉을 받는 부동산 개발회사 여성 임원으로 일하고 있다.

20년 러시아 무역에 정통한 TRC Korea 강남영 대표는 실행해서 성취해본 사람만이 알 수 있다고 말한다. '성공할지 실패할지는 아 무도 모른다. 머리에서 생각날 때 바로 해야 한다. 전체 기조만 상승 곡선을 그리고 있다면 그 기조 안에서는 오르내리고 해도 된다. 떠 올랐을 때 그 때 해야 한다. 현재 있는 일에서 정말 좋아지려면 아주 깊게 일해야 한다. 세상 무엇도 그 누구도 내 인생을 마음대로 휘두 르게 놔두어서는 안 된다. 믿어주고 밀어주고 기다려줘라. 누구보다 도 자기 자신을.'

20대 후반에 떠난 러시아 유학은 그의 인생을 바꿔놓았다. 선택 의 여지가 많지 않아 오로지 생각난 걸 실행해야 했던 그 시절 직장 을 그만두고 떠난 유학이 무모해 보이기까지 했다. 하나의 아이템 을 성공시킨 이면에 수십 개 아이템이 빛도 보지 못하고 나왔다 들 어가는 게 무역업이다. 숱한 어려움을 겪으면서도 러시아 무역이라는 우물을 깊게 팠다. 무모해 보였던 그 도전으로 지금은 정부기관 및 기업체로부터 러시아 비즈니스 관련 자문과 강연을 요청받는 전문가가 되었다.

'생각나면 바로 한다'가 답이었다

도전해서 성취해 본 사람은 '생각나면 바로 한다' 이 말을 이구동성으로 했다. 지금부터라도 이렇게 살아보자. 그리고 행동할 때는 자기 스타일로 하길 추천한다. 하고 싶은 일도 하고 하기 싫은 일도 해야 하는데 사람에게는 기질이라는 게 있다. 어쩔 수 없이 노력해도 안 되는 게 있고, 조금만 손을 대도 술술 풀리는 게 있다. 가만히 앉아서 작업하는 일이 어려운 사람은 사람 만나고 밖으로 나가는 일을 먼저 하고, 활동적인 게 어려운 사람은 미팅을 하더라도 하루에 한 명 정도 만나는 식으로 스타일에 맞게 조절하는 게 좋다. 내성적이고 조용한 걸 즐기는 사람이 네트워킹을 해야 한다며 대규모 모임에 참석하여 건배 제의를 하게 된다면 그 어색함은 말로 표현하기 어렵다. 일의 결과도 좋을 가능성이 별로 없다. 결국은 나중에 다 해야 되는 일이지만 처음엔 자신에게 맞는 일부터 하는 게 작게라도 성공할 수 있는 길이다.

나는 사람들에게 도움 되는 내용을 많이 전달해주고 싶다. 계속해서 책도 쓰고 있고 콘텐츠 정리라든지 필요한 활동을 최대한 하려고 노력한다. 앞에서 말 한 여섯 명의 사업가 인터뷰도 생각났을 때 바로 행동으로 옮겼다. 몇 시간을 고속도로를 달려 지방 출장도 갔다 왔고 어떤 말을 통해서 이야기를 이끌어낼까 고민도 많이 했다. 인터뷰를 의뢰했다 거절당하는 일도 있었다. 연락 문자를 보냈는데 답도 없는 경우도 있었다. 그럴 때는 잠시 의기소침하고 빨리 회복한 후 다음 번 일정을 잡곤 했다.

결국은 필요한 일은 다 해야 되는 게 맞는데 우선 강점부터 살려 잘 맞는 일은 최대한 끌어올리고, 좀 힘든 일은 커버할 수 있는 방안을 만들어서 하길 바란다. 해보겠다고 도전 하는 건 좋은데 무리하다가 몸이 망가지면 안 되니까 하나씩 체계적으로 차근차근 했으면 좋겠다. 앞에서 분석하고 정리한 정보들을 찬찬히 살펴보고 이룬 일을 하나씩 표시해가며 쏠쏠한 성취의 기쁨을 맛보길 바란다.

| 요약 |

1. 성공한 사람들에게는 생각난 걸 모두 실행에 옮겼다는 공통점이 있었다.

2. 벤저민 플랭클린도 실행의 중요성을 강조했다.

3. 귀찮고 힘들다 생각하지 말고 하려고 한 것은 무조건 실행한다.

해도 되는 것
VS 하지 말아야 할 것

#나다움#제대로#버리기

나답게 행동할 때 가장 자연스럽다

나는 정적이고 혼자 있는데 익숙한 내성적인 성격이지만 사람을 찾아가 만날 때만큼은 적극적이라는 말을 듣는다. 성향보다 중요한 건 나답게 행동하는 일이다. 나다움의 핵심 포인트는 '제대로 버리기'다. 도저히 할 수 없다고 생각하는 소량의 일만 버리고 할 수 있는 일은 전부다 하는 것, 하지 않아도 될 일을 구별해 내는 것이다.

나다움 찾아가기

만약 다음과 같은 두 가지 시간이 있다면 어떤 선택을 하겠는가?

총 습득 시간 = 빨리 처리한 시간 × 실수를 바로 잡는데 걸리는 시간
총 습득 시간 = 정석으로 제대로 익힌 시간

서른 살, 비전 찾기

나는 고민하고 계획하고 움직이기 때문에 행동이 느린 편이다. 그럼에도 불구하고 결단력 있다는 말을 듣곤 하는데 이건 결단을 내리는 순간을 본 것인지 그 이전에 하얀 밤을 지새우며 숱하게 고민한 시간은 못 보고 하는 말이다. 고민을 많이 했기 때문에 결단이 쉬워진다. 예전에 파트타이머로 시간제 근로를 한 적이 있다. 단순한 일이었는데 시스템이 여러 개여서 각각의 시스템에 적응하는 데 시간이 필요했다. 이 업무를 습득하는 동안 당연히 같이 일한 동료들과 매니저는 빨리 익히길 원했지만 나는 성격상 그렇게 할 수가 없었다. 하나씩 알아가고 전체를 파악해야 속도가 붙었기 때문이다. 다행히도 일적으론 빨리하기 원했지만 마음 착했던 동료들이 기다려 준 덕분에 익숙해지는 데 필요한 시간을 확보할 수 있었다. 일이 손에 익은 후에는 당연히 속도도 빨라졌고 그렇게 적응해 갔다.

이런 성향 때문에 직장에 다닐 때는 어려움을 겪기도 했다. 빨리 돌아가야 하고 결과물의 도출 시기와 앞뒤 진행을 맞추기 위해 사람보다 일 중심인 대규모 조직에서는 뭔가를 습득하는데 시간을 주기 어렵다. 결과를 빨리 보여주기 원했고 나는 그 속도에 맞추다가 터져 나오는 실수 때문에 심적으로 힘들었다. 놓치고 잘못된 상황을 해결하는 힘보다 준비하고 계획하는 힘이 더 강한 성격이라서 그랬다. 지금이야 일을 파악했기 때문에 그때의 어려움을 말로 표현할 수 있지만 그 당시는 견디기가 쉽지 않았다. 점차 조직을 이해하고 나를 이해하면서 나다운 일을 찾기 시작했다. 그 방법을 적용했을 때 훨씬 일을 수월하게 할 수 있었다. 정석으로 제대로 익히는 시간이 빨리 처리하고 실수를 바로 잡는 시간까지 감안하는 시간과 같다면 나는 정석대로 익히는 방식을 선택했다. 그게 나다웠다.

'지식생태학자'라는 이름으로 책을 쓰고 강연을 하는 유영만 교수는 저서《공부는 망치다》에서 나다움에 대해 썼다. '나다움이 무엇인지 그리고 내가 꿈꾸는 미지의 세계가 어떤 세상인지를 모르고 살다가 뒤늦게 나답게 꿈꾸며 살아가는 것이 무엇인지를 발견하는 경우는 그나마 다행이다. 문제는 내가 누구인지, 내가 하면 신나는 일이 무엇인지, 내가 가고 싶은 목적지를 모르고 주어진 현실에 어쩔 수 없이 적응하며 살다가 소중한 삶을 마감하는 데 있다. 현실은 언제나 녹록지 않다. 수많은 걸림돌이 있고 장애물도 즐비하다. 삶은 살지 말지를 결정하는 선택의 대상이 아니라 그럼에도 불구하고 살아가야 하는 운명이다.' (출처 : '공부는 망치다'. 유영만. 2016. p.119)

초반에 많이 행동해봐야 나다운 게 뭔지 찾을 수 있다. 실수를 해도 시작할 때 해야지 뒤늦게 가서 당연히 알아야 할 것을 몰라서 일을 망치기라도 하면 주위 사람의 눈총을 산다. 더욱이 잘못된 습관이 배어서 같은 실수를 반복하다가 나중에 이를 고치려면 시간이 더 많이 들어간다. 그런 면에서 유영만 교수의 말은 시간이 걸리더라도 나다운 걸 찾는 건 선택이 아니라 필수라고 말하는 것이라 생각한다.

나다움에 대한 이해를 더 돕기 위해 인도 카스트제도 현실을 보여주며 베스트셀러가 된《신도 버린 사람들》에 나오는 내용을 소개한다.

서른 살, 비전 찾기

인도 불가촉천민 층은 스승이 손가락을 자르라면 잘라서 받쳐야 하는 신화를 배우며 자라고, 화장실 청소하는 계층으로 태어나면 평생을 화장실 청소하며 살아야 한다. 19세기 영국의 통치를 받으며 상류층에게만 주어진 교육 기회를 모든 계층으로 개방하는데 이로 인해 하층 카스트에게까지 교육이 전달된다. 이후 암베드카르 박사처럼 불가촉천민으로 태어나 콜롬비아대학교 철학박사, 런던정경대학 경제학박사, 런던 그레이 대학원 법학석사까지 해내는 대단한 결과를 내는 사람도 생긴다. 《신도 버린 사람들》 저자 나렌드라 자다브는 교육은 하층 카스트에서 단순한 지식의 전수를 넘어서 인간으로 인정받고 존중받으려는 욕망을 불러 일으켰다고 말한다. 또한 교육을 받은 불가촉천민들은 차별에 대항하려는 결의도 다졌다고 언급했다. (출처 : '신도 버린 사람들'. 나렌드라 자다브. 2007. p.15~20)

오랜 시간 사회와 제도에 대항하며 남에 의해 씌워진 굴레를 던지고 자신의 권리를 찾기 위해 노력해 왔다. 그렇게 나다움을 찾은 사람만이 일반적인 수준을 넘어선 결과를 냈을 것이다. 지금의 우리는 적어도 누릴 수 있는 권리는 누리며 살고 있는 세대다. 나다움을 찾고자 하는 것도 어쩌면 행운일 수 있다.

나다움을 통해 할 수 있는 일 찾아가기

나는 1:1로 관계를 형성하는데 강한 편이어서 새로운 사람을 만나고 대할 때 개별적으로 약속을 잡는 편이다. 직장에 다닐 때 전문직을 대상으로 인터뷰를 다녔던 일이 많았는데 이 경험이 도움이 돼서 지금도 사람을 만날 때 인터뷰 방식을 자주 활용한다. 요청하면 많이들 호응해주는 편이지만 싫은 내색을 하며 응하는 경우도 있다. 이런 사람들도 인터뷰 중에 진심어린 모습을 보여주어 즐겁게 대화에 임하게 만든다. 사실 바쁘게 돌아가는 일상 속에 긴 시간 자신의 의견을 주의 깊게 들어주는 일이 별로 없다. 질문하고 생각을 듣는 시간을 가지는 건 서로에게 도움이 된다. 이런 이유로 인터뷰 방식으로 사람을 만나는 일이 나에게는 효과가 있다. 이렇게 나다움을 찾았다.

인터뷰가 정적인 것 같으나 굉장한 에너지를 필요로 한다. 경청을 하는 게 집중을 요하는 일이어서 그렇다. 각기 다른 성향의 인터뷰 대상자들에게 섬세하게 맞추다보면 많은 에너지가 소모되지만, 인터뷰를 하는 이유는 어떤 일을 이루기 위한 많은 일들 중 하나라는 이유가 명확하기 때문이다. 할 수 있는 일은 다 하고 도저히 내 스타일로 되지 않는 일은 선별해서 그런 일은 잘 모아두고 있다. 하지 못했지만 무슨 일인지 알고는 있다. 제대로 버리기는 그렇게 나다움을 찾으며 완성해갔다. 공격적으로 해야 할 때도 수동적인 면이 필요할 때가 있고, 수동적으로 해야 할 때 적극적으로 해야 하는 경우가 있다. 과감하게 버릴 줄 아는 판단력을 키우는 게 중요하다.

| 요약 |

1. 나다움을 찾아서 해도 될 것과 하지 말아야 될 일을 구분한다.

2. 나답지 않은 일은 제대로 찾아내서 확실히 버린다.

3. 남을 따라하다가 어색하거나 무례해보이기 보다 나다운 걸 찾아서 확실히 밀고 나간다.

배움을 네트워크로
만드는 사람들

#사람#모임#주최자

좋은 지인 만들기

기회는 사람들과의 관계 속에서 찾아온다. 새로운 일을 시작하면서 기회라는 걸 어디서 찾아야 할지 고민을 많이 했다. 막막하고 어떻게 해야 할지 몰라서 사람들에게 물어보기도 했다. 그 때 내가 이런 말을 하며 물어봤다. "운전하며 가다가 영동대교 남단을 지나는데 셀 수 없이 많은 건물들이 보였어요. 그 건물들 마다 크고 작은 사업체들이 들어가 있고 사업체마다 대표가 있을 텐데 왜 나는 한 번도 대표가 되라는 말을 들어보지 않았고 대표가 되는 공부를 해본 적도 없을까요? 주인은 어떻게 돼야 되는 거에요?"

질문의 느낌은 직장에서 주인의식을 가지고 일하라고 말하는 것과 달랐다. 부끄럽지만 진짜 소유의 주체가 되는 방법을 물었다. 질문을 받았던 현직 사업가, 억대 연봉자, 명강사 등 사람들이 다양한

의견을 주었다. 말 속에 한 결 같이 한 말이 있는데 이거였다. '사람들을 많이 만나 봐라.'

어떤 사람을 어떻게 만나는지에 대한 조언도 주었지만 그보다 왜 사람을 만나야 하는지 이유가 더 중요했다. '사람들과 나누는 이야기 속에 답이 있다'는 말이었다.

예전에 회사에서 보내주는 교육에 참가한 적이 있다. 그 교육에 갈 때 나는 공부하고 싶은 마음이 별로 없었다. 솔직히 공부보다는 일만 하다가 주어지는 자유 시간이라는 해방감이 더 컸다. 시험이나 과제는 탈락하지 않을 정도로만 준비하고 나머지 시간은 사람들과 노는 데 정신없었다. 아이러니하게 기를 쓰고 뭔가 해보려 할 때보다 결과가 더 좋았다. 우선 사람들에게 인기를 끌다보니 팀웍이 좋았고 정보 공유가 잘 되다 보니까 결과도 좋았다. 그리고 더 큰 성과는 그 때 만난 사람 중에 꽤 연락을 하고 지내는 사람들이 있다는 사실이다.

교육 및 세미나 활용

사람들을 만나기 좋은 장소가 세미나 및 교육 현장인 거 같다. 배움이라는 순수한 목적으로 왔고 또 매일 같이 만나는 사람들보다 새로움을 느낄 수 있는 환경을 제공한다. 물론 일터에서도 사람을 만나지만 치이고 부대끼다보면 늘 좋을 수만은 없다.

평일이면 저녁마다 주말은 이른 아침부터 저녁까지 시간에 관계없이 세미나가 열린다. 이런 곳에 가서 네트워킹을 해서 인맥을 쌓는 것도 좋다. 다니다보면 자기에게 맞는 스타일이 어떤 건지 파악도

서른 살, 비전 찾기

되기 때문에 초반에는 다양한 세미나에 많이 다녀보는 걸 추천한다.

매일같이 만나는 사람, 친구나 가족은 워낙 가까이 있기때문에 '네가 그런 것도 했겠어, 설마'하는 반응을 보이며 내 진가를 알아주기 어렵다. 변화를 하려고 하고 좋은 일이 있어 알리려고 한 입장에서 들으면 상처받기 쉬운 말이다. 문제를 가지고 있고 나를 통해 해결하고자 하는 사람들의 방식은 다르다. 나에 대한 신뢰를 기반으로 오기 때문에 어떤 방식으로든 접촉할 기회를 만들어야 한다.

김중태 작가는 저서《소셜네트워크가 만드는 비즈니스 미래지도》에서 사람들이 모여 만드는 협업 사례를 소개했다.

20장의 슬라이드를 10~15초씩 자동으로 넘기며 4~5분간 자신의 이야기를 나누는 '이그나잇(Ignite)'이라는 행사를 본떠서 만든 'Ignite Seoul'이 그 사례다. 슬라이드가 15초 후에 자동으로 넘어가기 때문에 늘어지는 연설 없이 정해진 시간에 시작해 끝난다. 짧지만 강한 인상을 주는 발표와 스피드하면서 다양한 주제를 짧은 시간에 선보인다는 점에서 각국으로 행사가 퍼져나갔다. 우리나라에서는 1회 때 180명이 참가해 성공적으로 진행했고, 2회 때는 6개 단체가 함께 모여 개최했다. (출처 : 소셜네트워크가 만드는 비즈니스 미래지도. 김중태. p.202)

정보도 얻고 같은 목적을 가진 사람들이 모이는 행사도 네트워크의 장이 된다. 새로운 곳에서 만난 사람이 우연치 않게 도움을 주기도 하고, 당장은 아니어도 언젠가는 같이 일을 하게 되기도 한다. 신뢰를 쌓기 좋은 활동으로 세미나에 참석하는 것을 권한다.

세미나 참가보다 더 실속 있는 건 좋은 지인을 만나는 일이다. 어떤 경로로든 사람을 만나면 내 사람으로 만들기 위해 노력해야 한다. 경청해주고, 관심 갖고, 연락하고, 소통하며 적어도 연락했을 때 어색하거나 놀라워하지 않는 사이는 만들어야 한다. 실제로 교육받으면서 만났던 상담실장을 통해 강의를 소개받기도 했고, 같이 근무했던 강사와 함께 강의를 개설한 적도 있다. 이렇게 지인을 만드는 노력도 필요하다.

모임 주최자가 되어 더 적극적으로 모임에 참여해보자

모임에 참가하는 것보다 더 좋은 방법은 내가 모임을 주최하는 일이다. 나도 직접 사람들을 모아 기획을 연구하는 모임을 만들기 위해 다양한 방법을 고안하고 있다. 향후에는 세미나를 내가 주최해서 기획에 관심 있는 사람들과 함께 프로젝트도 하고 고민하고 있는 것도 함께 나누는 자리를 마련할 것이다.

네트워킹에 대한 인터뷰 기사 중에 인상 깊은 내용이 있어 소개한다. '남이 만들어놓은 모임에 가는 것이 아니라 스스로 저녁식사 자리를 만들어주고 고객들끼리 이어줘라. 중요한 것은 제대로 된 큐레이터가 되는 것이다. 비슷한 생각을 하고 있는 엄선된 전문가들을 만날 수 있는 모임이라는 게 알려지면 참석하려는 사람은 많아질 것이다. 수많은 인맥 중에서 스스로를 차별하기 위해서는 고객들을 다른 고객에게 연결시켜서 그들의 관계를 돈독하게 해주는 것만큼 좋은게 없다. 당신의 고객들도 당신처럼 유용한 인간관계에 목말라 하고 있다. 고객들의 신뢰를 얻는 것은 물론이며, 그들이 앞으로 맺을 인간관계의 이득을 공유할 수 있다.' (출처 : 네트워크의 대가가 전하는 인맥의 달인이 되는 방법. 김제림 기자. 2014. 11. 24. 매일경제)

네트워크 전문가 데릭 코번 캐드리 대표와의 인터뷰 내용이다. 직접 모임을 주최하는 것의 효과는 전문가도 신뢰하는 방식 중 하나임이 분명하다.

처음 시도하는 게 어렵지 한번 하고 나면 쉽다. 그중 하나가 새로운 곳에 찾아가는 일이다. 처음 가보는 장소에 처음 만나는 사람들, 게다가 마땅히 같이 갈 사람도 없이 혼자서 참가하는 것만큼 고된 일도 없다. 그러나 한번 시도해보면 그들도 나와 같은 사람들이고 대단히 특별하기 이전에 모두 비슷한 고민을 안고 있다는 걸 알게 된다. 그때부터 마음이 놓이고, 경직된 근육이 풀리는 걸 느낀다. 이미 만들어져 있는 모임에 나가는 것만큼 쉬운 일도 없다. 세팅된 운영 방식대로 잘 따라만 하면 되고, 그 안에서 사람들과 좋은 관계를 쌓아가면 된다. 또한 운영은 어떻게 하는지 순서는 어떻게 진행되는지 눈여겨보고 있다가 직접 내 모임도 만들어 보길 바란다. 수많은 모임 중에서 차별화 시킬 수 있는 방법은 같은 고민을 안고 있는 사람, 서로 멀리 떨어져 있어 알고 지내지 못했던 전문가들을 이어주는 일이다. 이렇게 배움을 네트워크로 만드는 사람이 꼭 되어보길 바란다.

| 요약 |

1. 사람들과 관계 형성을 위한 장소로 배움의 현장을 찾는다.

2. 일상과 다른 새로운 마음으로 적극적으로 참여한다.

3. 더 적극적이기 위해 모임 참가자에서 모임 주최자로 역할을 이동해간다.

비전
실천하기

#변화#자아정체성

실천으로 완성하는 비전 찾기

시그널에서 배우 조진웅이 했던 명대사가 있다. "20년 후에도 거긴 그렇습니까? 뭔가 달라졌겠죠." 조진웅이 출연을 결심하게 한 결정적인 대사 한 줄이었다고 말 할 정도로 여운이 깊은 한 마디였다.

미래에는 뭔가 달라져 있고 싶은 건 현재를 열심히 살아가야 할 이유가 된다. 그러나 사람들은 좀 더 안정적인 수입을 위해 다니기 싫은 직장에 꾸역꾸역 나가거나 매일 반복되는 답답한 생활을 참아가며 세월을 낭비하기도 한다. 또 지금 돈이 벌린다는 이유로 미래에 대한 준비 없이 하고 있는 일에 안주해버리는 경우도 있다. 나 역시 그랬다. 하지만 이걸로는 미래가 바뀌지 않는다. 아니 더 정확하게는 미래가 바뀌어도 바뀌었다고 생각이 들지 않는다. 아마도 바라던 미래가 아니어서 그럴지도 모른다.

서른 살, 비전 찾기

10여 년 직장에 다니고 사표를 내고 나오던 날 버스 안에서 들었던 생각이 지금도 기억난다. '10년 넘게 다니고 나면 뭔가 돼 있을 줄 알았는데, 그게 아니었네?' 물론 연봉이 올랐고 직급이 달라졌다. 하지만 그거로는 채워지지 않는 무언가가 있었다. 사회를 20대 관점에서 해석하면서 큰 반향을 일으켰던 '88만 원 세대'에 이런 말이 나온다. '만약 20대 1만 명 정도가 스타벅스에 가기를 거부하고 20대 사장이 직접 내려주는 커피와 차를 마시겠다는 선언을 했다고 생각해 보자. 이 정도가 의미 있는 행동일까? 이 정도면 100명의 20대가 자신의 카페를 가지고 경제적 삶을 새로 시작할 수 있는 의미 있는 출발점이 된다.' (출처 : '88만 원세대'. 우석훈, 박권일. 2007 p.288)

예전에 인턴으로 근무했던 회사에서 계약 종료 시점에 정규직 전환이 안 된 적이 있다. 인턴 제도의 취지로 본다면 비정규직은 계약 종료와 함께 업무도 끝나는 게 맞다. 지금이야 인턴은 인턴일 뿐 업무 경험 쌓기 이상으로 큰 기대를 안 하는 인식이 잡혀있지만 이런 제도가 생긴 지 얼마 안 됐을 때는 실제 직원처럼 다니고 정규직 전환도 될 거라는 꿈도 가지고 있었다. 그런 생각 자체가 어리석긴 했지만 아무튼 나를 포함한 몇 명의 직원은 정규직원으로 전환되지 않았다. 그리고 나중에 알게 되었는데 정규직 전환자와 비 전환자 사이에 확연한 차이가 있었다. 남자와 여자라는 성별이 나뉘어 있었다. 누구도 입 밖에 꺼내지 않았던 공공연한 사실이었다. 남자직원만 전환이 되었다는 사실이다.

살면서 안 겪어도 될 일 한 가지를 겪었던 그 때 충격이 참 컸다. 그

후 얼마 지나지 않아 나온 책이 '88만 원 세대'였다. 그래서였는지 더 깊게 공감이 갔다. 신기하게도 여기서 말한 20대 카페 사장이 내려주는 커피를 마시는 시대가 정말 온 거 같다. 이때부터 지금까지 10여 년이 흘러 미래에는 뭔가 달라졌다. 어느 날 획기적인 변화가 찾아왔을까. 그런 것보다 그 사이 사람들의 마인드도 바뀌고 생각도 달라지고 행동이 달라지면서 정말 변화가 일어났다고 본다.

가깝고도 먼 듯한 자아정체성 찾기

내가 말하고자 하는 비전의 의미는 자아정체성이다. 지금까지 자신의 업을 찾아야 한다며 하고 있는 걸 그만두고 전혀 새로운 걸 시도하라고 권하지 않았다. 하루하루 왜 살아야 하는지 지금 하는 이 일을 왜 해야 하는지 이유를 알고 지금 삶에 충실하길 바라는 마음이다. 사회에 첫 발을 내딛었을 때 아픔을 겪었지만 지금 나는 꽤 행복하다. 현재에 최선을 다하고 있고 행복할 수 있는 일을 찾아가고 있다.

자기 안에서 찾으면 되지 남을 따라할 필요도 없다. 중학교 때 백일장에서 상을 탄 이후로 줄곧 언젠가는 책을 내고 싶다는 생각을 했다. 사실 그 상을 받은 애들이 꽤 많았다. 나 혼자만 받은 것도 아닌데 그 때 나는 글을 써보겠다 책을 내보겠다는 생각을 했었다. 그리고 정말 책을 썼다. 그 때 상을 받은 학생들을 모아서 그 중에 책을 낸 사람이 있는지 물어본다면 몇 명 정도 될까 궁금하다. 학교 다닐 때 글로서 상을 받은 사람은 많았지만 그 사실을 어떻게 인식했는지는 개인의 차이이다. 하루하루 글을 써보겠다고 했던 생각이 시간이 지나 정말 이루어졌다.

스스로 바뀌려고 하면 힘이 들고 시간이 걸리더라도 바뀔 수 있는데 남에 의해서 바뀌어야 하면 잘 바뀌지 않는다. 화를 내거나 쉽게 흥분하는 성향이 있어서 성격을 바꿔보고 싶은 사람도 화내는 습관이 한 번 안 나와야 앞으로도 계속 안 나온다. 그 한 번이 나오게 된다면 또다시 나오기 쉽다. 마찬가지로 자신에 대한 발견, 자기가 무슨 일을 해야 하는지 알아가고 싶을 때도 절박함이 있어야 한다. 꼭 해야겠다는 마음이 있어야 한다.

먼 미래보다는 지금 앞에 있는 일에 충실했으면 좋겠다. 기업 입사 시 작성하는 자기소개서에 빠지지 않고 넣는 항목이 있다. '입사 후 포부'이다. 15년 전 신입사원에 지원하며 이 란을 기재할 때 언제나 임원이 되거나 경영진이 되어 회사를 이끌어가겠다고 썼었다. 입사 시점에 생각하는 미래의 포부를 쓰면서 20년 후 일어날 일을 썼던 것이다. 지금 생각은 좀 다르다. 다시 이 공란을 작성한다면 '지금 나에게 주어진 일과 사람에 최선을 다하며 열심히 행동하고 일한 결과가 매일의 성과로 이어지게 하겠다'는 내용을 풀어서 쓰겠다. 하루가 모이면 6개월 후, 1년 후, 5년, 10년 후가 달라져 있을 거라는 의지가 있기 때문이다.

나는 내 마음 속에서 정리가 되지 않은 일은 잘 말하지 않는 경향이 있다. 예전에 겪은 정규직 전환 얘기를 한 동안 남에게 말하지 못했는데 이제는 말하고 다닌다. 지금은 전부다 내 탓도 아니고 그렇다고 모든 게 남 탓도 아니라는 걸 안다. 그걸 구별하는 판단력과 의지가 생겼다. 이게 자아정체성이라고 생각한다.

20년 후에는 뭔가 달라져 있어야 하지 않겠나. 나도 달라져 있고 세상도 달라져 있어야 한다. 그 때는 인생의 갈림길에서 자기 자신과 비전으로 갈 길을 선택했으면 한다. 대단한 변화가 아닐 수도 있다. 하지만 지금이라도 찾지 않으면 10년 후에도, 20년 후에도 지금과 별반 다르지 않을 수 있다. 생각하고 있는 지금 이 순간부터 찾길 바란다. 지금에 충실한 삶이 쌓여서 하루가 꽉 차고 행복한 나날이 되는 것. 이게 미래에 값진 결과로 돌아오는 선물을 받았으면 한다.

서른 살, 비전 찾기